一九六一年，三民書局搬到重慶南路一段七十七號。

一九五三年，三民書局創立於臺北市衡陽路四十六號，三位股東合影，劉振強先生居中。

一九七五年，三民大樓（重慶南路門市）落成，始掛上溥心畬先生手書之招牌，三民書局自此邁向新紀元。

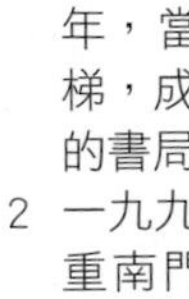

1 一九八八年，歡慶三十五周年，當年重南門市裝設手扶梯，成為全臺第一間有手扶梯的書局。

2 一九九三年，歡慶四十周年，重南門市擴大營業的熱鬧情景。

3 一九九三年，文化大樓（復興北路門市）落成啟用，是三民書局四十周年的最佳見證。

【造字工程】

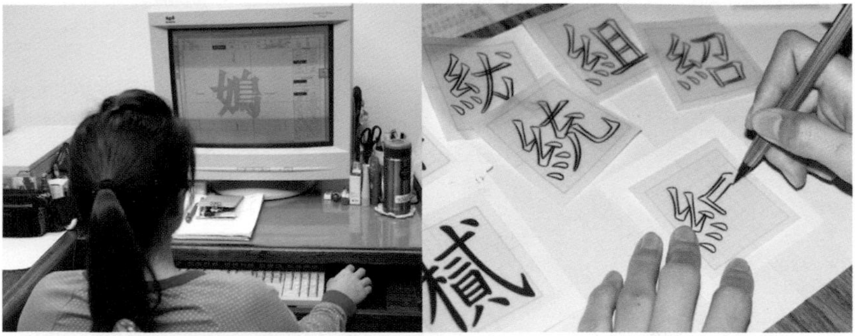

一九八六年，正式啟動造字工程。以傳統手寫的方法寫成漢字字稿，掃描進入字庫後，在電腦上做最細微的修整，使之更加完善，圖為造字的工作實況。

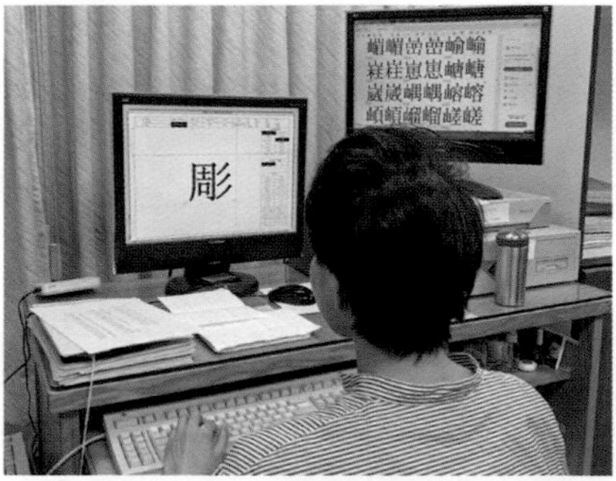

二〇一八年五月起，全面改用電腦的方式造字和修字，圖為造字的工作實況。

書書書

書書書

三民書局自行研發的全漢字排版系統，共有六種字體：楷體（78,772 字）、方仿宋（81,509 字）、黑體（57,619 字）、明體（68,834 字）、長仿宋（68,854 字）和小篆（12,325 字）。上圖是以「書」字為例的六種字型。

【大辭典】

為了編印《大辭典》，三民從刻模鑄字開始，自行刻了宋體、黑體、標頭字等幾套銅模，而鑄字用的鉛條就耗費了七十噸。

《大辭典》從一九七一年開始編寫，歷十四年完工。耗費巨億，延請百餘位教授參與，備置逾萬種書籍，對所有詞條（超過十二萬條），逐一核對查證。臺灣第一部由民間自編的百科全書型中文大辭典，就此誕生。

二〇一七年，《大辭典》再版。本次再版，除新增大量字詞、補足已有而未備之門類，並個別調整原有詞條解釋，以合時宜。對研讀古文、查證研究均有所裨益，實為全民適用的大百科。

一九八六年，《大辭典》獲文建會主任委員陳奇祿先生頒獎。

一九八五年，《大辭典》獲行政院新聞局局長張京育先生頒獎。

一九八六年，《大辭典》獲教育部部長李煥先生頒獎。

一九八六年，《大辭典》榮獲「金鼎獎優良圖書獎」，由考試院院長孔德成先生頒獎。

二〇〇三年，三民書局歡慶五十周年。

二〇〇七年，劉振強先生榮獲第三十一屆「金鼎獎特別貢獻獎」。

二〇〇七年，劉振強先生與《大辭典》。（葉仁傑攝影）

二〇一一年，劉振強先生於三民書局慶祝八十大壽。

二〇一三年，三民書局歡慶六十周年。

二〇一六年，劉振強先生在公司尾牙致詞。

#【名家作品 / 古籍 / 古典】

三民文庫

三民叢刊

古籍今注新譯叢書

中國古典名著

【哲學 / 歷史 / 法律】

哲學輕鬆讀

國別史

文明叢書

新世紀法學叢書

最新綜合六法全書

【藝術 / 音樂 / 數學 / 養生】

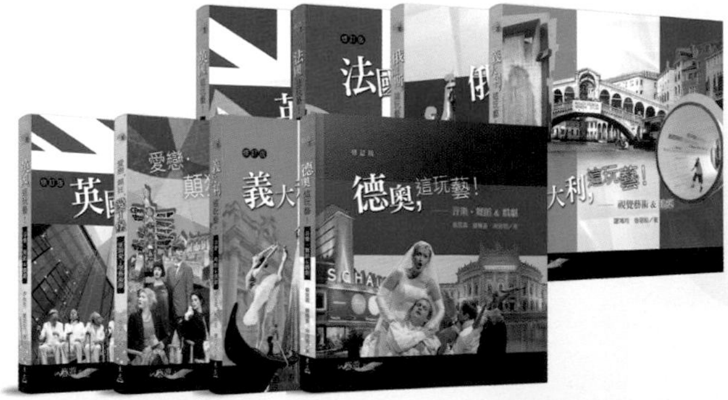

藝遊未盡

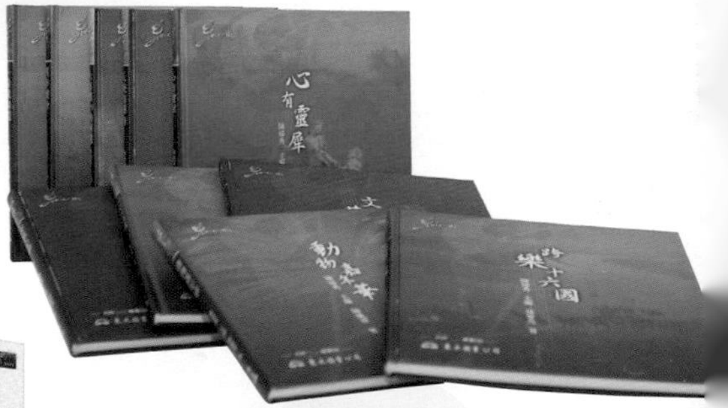

鸚鵡螺 數學叢書

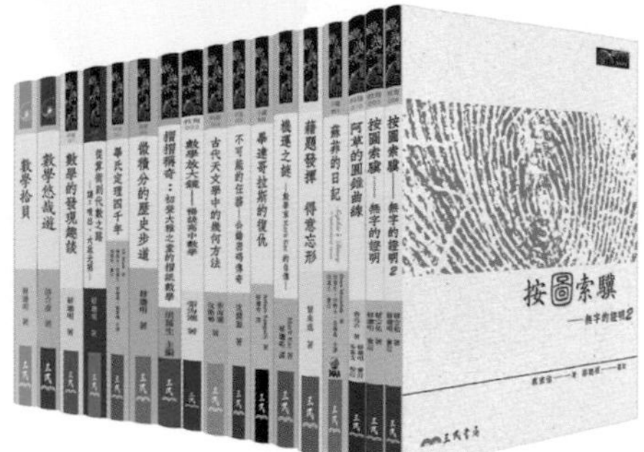

音樂，不一樣？

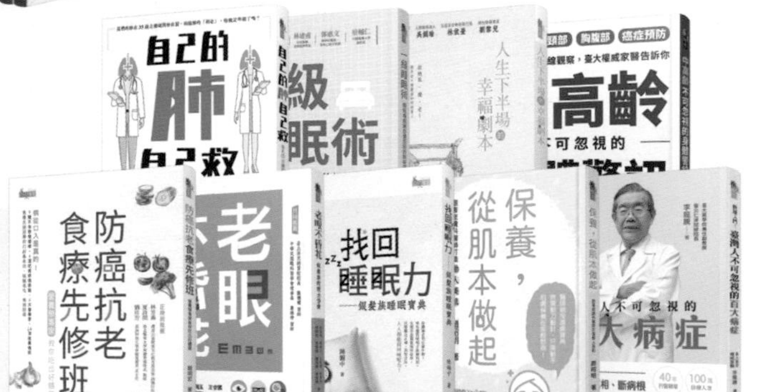

養生智慧

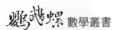

【兒童讀物】

IREAD 愛閱讀

小小鸚鵡螺

創意MAKER

世紀人物100

劉振強先生與三民書局

周玉山　主編

代序　莫忘來時路

劉仲傑

服完兵役後我赴美唸書，至一九八七年七月二十三日，靠著餐廳打工以及借來的共六萬六千美元在美國創業，和父親相隔兩地，各自生活。創業兩年，買了房、車，生活愜意，心中也沒什麼大志，更從未想過要回臺灣追隨父親。父親每次赴美，也順道看過我的公司多次，看我享受著生活與成就感，從未勸我回來。直到創業後第七年，他問我要不要回去，我回他說：「這裡生活好好的，且週休二日，夏天開船釣魚，冬天上山滑雪，回去幹嘛？」父親只簡單的說了：「但人不能像貓啊狗啊，來了又走了。」

當下，我只記住了他的話，沒多做回應。

隔年，我決定賣掉公司，回來臺灣。那是一九九六年的一月一日，將經營了八年半的公司交給買家，當天早上出門準備簽約前竟也紅了眼眶，僅八年而已，卻已難以割捨。同年七月，舉家搬回了臺北。

「今天是公司的尾牙，我的父親主持了六十三年。但今年，他的身體狀況欠佳，由我代為開場。一個六十三年的事業並不罕見，而一個人奉獻了六十三年的生涯給了一個事業，則是非常難能可貴，這種精神與毅力不僅令人敬佩，而且樹立了難以達成的里程碑，現今社會中，能夠做到的人屈指可數。理想與成就是沒有邊界的，如何在有限的生命中不斷地做出正確的決定，我的父親經過了六十三年的重重考驗，他做到了，所以我也必須做到，這是我責無旁貸的責任，而考驗才正要開始。」

以上是二〇一七年一月十九日尾牙時我的開場白，四天後，他離開了我們，只差四天就過年了。

父親年少時適逢戰亂，十七歲隻身來臺，無依無靠，身無分文。困頓中幸遇當時關渡的陳家老奶奶接濟，讓他得有棲身之所。這段相遇之恩，雖僅數月，但父親卻永懷在心，片刻不忘，即使到了晚年，他仍堅持親自到老奶奶的墳上上香。知恩圖報，莫忘來時路，不僅是他做人的原則，對於我們子女的人格教育也影響甚深。

父親對朋友慷慨，對自己則十分節儉。他的西裝一穿就是幾十年，捨不得換。除了招待長輩、朋友之外，他的三餐其實十分儉樸。病後，他特別想念家鄉帶殼的蠶豆，然時已逢秋冬之際，臺灣的收成都已去殼，不合其口味。我和同事在公司五樓的平臺種了上百株的蠶豆，期待父親能夠享用收成。如今花已開了，期待卻落空了。

大年初一，靈堂因過年期間只開放到下午五點，離開後，在父親家和家人一起吃年夜飯。飯後大家簡單的收拾了一下父親的遺物，除了書畫之外，他最多的東西竟是冷氣和電視的遙控器。

自二〇一六年八月十七日父親病後，我就趁著他每週就醫一天的機會，將他家中的老冷氣機分了三次全換成冷暖氣機，以便應付寒冬，手中握著那些多數已無用的老遙控器，心中感慨萬千。

開車回家的路上，我懂了他是多麼的節儉，他怕遙控器壞了，而冷氣、電視還是好好的，所以總是多買一些遙控器備用。

多年來，我追隨父親，參與公司的事務，看到他凡事執著、事必躬親的一面，對於他的為人處世，有了更深一層的了解。他給我最大的印象，就是毅力堅強，對於想做的事，從不放棄、堅持到底。他堅持每天到公司上班，風雨無阻，即使身體微恙，也會透過電話聯繫，為的是與同仁討論如何把工作做到最好。

生活中，父親四十年來每天早上四點三十分起床跑步六公里，若因感冒等原因停了一天，隔日必定加倍補足，我常笑他把運動也當成工作。

父親生平交友無數，一生中受到許多人的提攜、幫助和敬重，都令他銘感五內，永難忘懷。陶百川先生曾惠贈父親「行者常至，為者常成，儉者寬裕，學者聰明」墨寶，父親十分喜愛，將之懸掛於辦公室中，並引為家訓。這些年來，我漸知父親乃這十六字之實踐者，而陶公二十年前就已經慧眼給父親的一生下了註解。

父親的人生沒有終點，他隨時都在奮鬥。他把一生都奉獻給了文化工作，沒有退休，病中仍每日去電公司多次，關心《大辭典》和《新譯資治通鑑》的進度。我請同事們接到電話後通知我，隨著電話次數漸少，我和同事們雖壓力漸減，但內心深處的沉痛驟增。

父親病中，我每一天都到公司，不曾間斷，試著扮演他的角色，替他照顧好他所創立的公司。但比起姊姊和妹妹終日照料父親，面對父親的生命終點，而我可以在公司暫時躲避那椎心之痛，她們辛苦多了。

再度嚐到難以割捨的滋味，但比起當年放下自己的公司，這次更加痛苦百倍，猜想父親在天國仍舊難以割捨，只想告訴他，「可以放下了，你的後輩們都已經了解了責任和鞠躬盡瘁的意義」。我也會追隨他的腳步，工作到人生的終點。

父親的一位新聞界朋友到靈堂安慰我們，稱讚父親「人生走一回，不虛此行」。確實，父親晚年時，他的好友多次勸他享享清福，身為家人，我們都知道他不會退休的，這個工作是他的最愛；或者說，是我的努力不夠，令他不敢放手。直到有一天，他當著家姊和我的面說：「還好及時交給了你弟弟。」我的自責才稍稍減輕。

二〇一七年二月九日是入冬以來最冷的一天。一早，我多帶了一件自己的大衣、一雙手套，騎著機車去靈堂，將大衣和手套放在他的西裝外套上，背對著姊姊提醒爸爸要注意保暖，猜想姊姊那時一定也紅了眼眶。

二月十日，和姊姊妹妹待在靈堂，招呼著悼輓者。中午時分，來了一位太太，看著眼熟卻記不住是誰，一問之下，才知道是在公司車道口擺攤賣早餐二十年的婦人。她說她要來上香，一是因為看到父親二十年來每天一早到公司上班，她很尊敬；二是因為父親的公司從不驅趕她，也從未向她收取過費用。這期間，她的孩子成年了，房子也買了。稍後，來了一位由後輩攙扶著的長者，長者流著淚說父親是他的恩人，原來他是與三民合作數十年的協力廠商創辦人。他述說著當年父親出資協助購買新設備，幫助他因應工業化的衝擊，從此事業得以順利發展至今的過程。這位楊伯伯即使已行動不便，仍堅持親至靈堂見父親最後一面。我從未聽聞父親提過這段往事，心中認為他尊稱父親為恩人應是誇大而略感不安，但楊老先生堅持莫忘來時路，我的內心除了充滿感激之外，想著父親曾受非親非故的陳老奶奶之恩惠，在他行有餘力之年，或許也是追隨著陳老奶奶的人性光輝，而延及身邊的有緣人。

之後我們兄弟姊妹一直忙著處理後事的細節，同時常要慰藉傷心的悼輓者們，試著淡化他們的傷痛，忙碌中，也暫時忘卻了自己的傷痛。

追隨父親的二十年，有緣拜見了父親海內外的各界好友，更加豐富寬闊了我的視野。

我的成長過程，從來只知道父親嚴格的一面。秦孝儀院長也是表面嚴肅的長者，他對我們後輩非常好，總是把大夥人逗得捧腹開懷，標準的「望之儼然，即之也溫」的形象。孝公知道父親有十位內外孫，常常拉著我坐他旁邊，詢問我家孩子的事，看得出他心中多麼想要有孫子。有一次我在海外出差，父親要我返臺後立刻去見孝公，原來父親發現孝公握手的力道大不如前。他知道孝公對我很好，多年來一直都找我談些小朋友的事，孝公還要我勸他的公子快快結婚，早點讓他做爺爺。返臺後我去孝公上班的基金會看他，他那因勤練書法而握力強勁的手，確實大不如前了。父親觀察入微，體貼長輩，也是位仁慈的長者，他生前捨不得朋友孤零，往生後也不願朋友麻煩。

回想起父親當年說服我回來的短短兩句話，我想告訴敬愛的父親：我一生都不會忘記來時路。

謹附告別式代表家人誦讀的悼念文如下：

各位父親的前輩、先進、好友、故舊，我是劉仲傑，謹代表家屬向各位叩謝。在場每一位都與父親有過相知相惜的奇遇，或是一段令人難忘的故事，這就是緣分。

父親走得安詳，但說病痛不折磨人的心志和體力，那是騙人的。那個曾經一餐可以吃下兩碗牛肉湯麵的老爸，因為生病而胃口漸漸不佳了。我們每天想著如何找到他愛吃的食物，有天我跟他說：「我們晚上吃帝王蟹。」他微笑著說「好」，我去張羅。當晚，他吃了幾口，帶著愧疚的眼神對我說：「老三，爸爸沒有味覺了，以後別浪費錢了。」我轉身匆匆下樓，不想讓他看到我哭，我知道那猶如訣別。朋友送他的鮑魚，他都轉送他人，從不捨得自己吃，他同意吃帝王蟹已令我驚喜萬分了。現在，他已脫離病痛重生了，明年他的忌日，我們會擺上牛肉湯麵的。幾年前，有次我帶他去延平南路的「清真牛肉麵館」，那家店有個特色，就是加湯加麵免加錢。父親吃了一碗，意猶未盡，我說可以加湯加麵不用錢，他跟我說，人家做的是小生意，再點一碗，另外付錢。我去跟也算熟識的老闆說要再點一碗，老闆說「加湯加麵不用錢啊」，花了好一番功夫才說服了老闆收錢。雖是一件小事，但深植我心。

服喪期間，從各位口中得知許多父親生前從未向我提及的往事。在各位慰問與祝福的同時，我也安慰了多位涕泗縱橫、難以自已的悼念者；還有在靈堂前不發一語的父親老友，我猜想他是在怪念我爸怎會如此狠心地捨他而去。跟爸爸一同隨著政府轉進來臺、一路相互扶持的老友章叔叔，在農曆新年時來電拜年，妹妹告知他父親的噩耗，章叔叔瞬間就掛了電話。這個一般被視為沒禮貌的動作，卻道出了章叔叔的傷痛有多深，多麼難以接受事實。我於二月十五日晚上七點去電章叔叔，安慰他。同樣是拜年，相同的訊息，陳祖耀將軍聽後，從一開始不敢置信，驚訝地向我再三確認後，終於接受了事實，但他忍住悲痛，鎮定地安慰我許久。每位朋友都有相同的哀傷，表達的方式或有不同，但身為家屬，我們內心的感激是一致的。

回想 SARS 期間，陳祖耀將軍貼心地從加拿大寄了數十個 N95 口罩給父親，父親要我拿給公司第一線的門市同仁優先使用，這就是我的爸爸。

這些場景在回家後再度浮現在腦海中，更是催淚。在家裡可以放肆地享受一個人哭，確實比較盡情，比較不丟臉。

我要代替父親謝謝所有在場的朋友們，尤其是遠從海外特地趕來的，以及無法親自前來的，或是來不及告知的，還有來自海內外的祭悼文、各界的花籃花圈等等。此外，還有從未謀面的攝影記者葉仁傑先生，父親的遺照便是他當初採訪時的作品。家人希望能使用，便請同仁經由《時報周刊》輾轉聯絡到葉先生，他慷慨地同意。我寫簡訊感謝他的大量。看著照片，彷彿父親仍在我們的身邊。一張照片勝過千言萬語，家人對他的謝意也非三言兩語能夠表達，他替我們留住了父親的神韻。

我幼年時很納悶：父親怎麼會有于右任、羅家倫等長輩親筆題名贈與的字畫墨寶？追隨父親二十年，始知父親自年輕時就尊師重道，更深受長輩們提攜愛護。在那個沒有臉書，通訊不發達的時代，他卻受惠於成千上萬人的協助，出版了近萬種書。若說三民書局造福了學子、成就了學人，不如說是各位的功勞，比較貼近事實。

大約是一九九六年吧，有次受父親之託，帶了張支票去舊金山，拿給謝冰瑩老師。父親特別交代：謝冰瑩老師的記憶已不復當年，如果她不記得劉振強這名字，就把支票交給她的看護，以免遺失，並稱此人百分之百可受託照顧謝老師。父親生前不願朋友孤單，往生後不願朋友麻煩，生前反覆交代我們不得勞煩各界。

他離開後，我們立即設置了靈堂，約莫三十六個小時後，我知道該是告知公司各部門主管的時候了，但也請大家不要對外聲張，以遵父親遺願，但仍有許多他的朋友和故舊到靈堂見父親一面。我知道他們各個都洩密了，但也都曾要求對方保密，因此父親辭世的消息得以隱匿十四天後才見報。孫震校長在靈堂時特別交代我要感謝走漏消息者，否則這告別式或許從了父願，卻會留下太多遺憾。是的，孫校長，您是對的，但我無法於此一一說出每個故事、每個關心、每個訓誨、每個祝福、每個期待、每個哭泣、每個擁抱、每個不捨。

父親景仰的梁實秋老師的文集裡有一句話：「你走，我不送你；你來，無論多大風多大雨，我要去接你。」父親說：「我走，你們別送我。」但，無論多大風雨，你們都來送他了。

我只能再次謝謝並祝福所有父親的朋友，每一位女士、每一位先生！我們後代何其榮幸能蒙受各位的眷顧！

編序

周玉山

二〇一七年一月二十三日，三民書局董事長劉振強先生與世長辭，令人追懷不已。三年來，我屢思主編一本紀念集，保存大家的真情，並還原劉先生的真貌。畢竟，三民層出不窮的讀者中，知曉劉先生的並不太多，臺灣出版史的空白，也有待書寫。

稍後，我建議總經理劉仲傑兄，書名為《劉振強先生與三民書局》，兩者合而為一，既彰顯歷史，也面向未來。仲傑兄立刻同意，決定在二〇二〇年出版。過去，我與逯耀東先生合編過《三民書局五十年》，又主編過《三民書局六十年》，則本書可取代《三民書局七十年》，內容更見完整。三民出書逾萬種，卻在成立六十七年之際，也就是劉先生身後三年，才第一次出現以他為名的書，則其低調可知。

文化與自然相對，是人的行為，包括物質和精神活動，而以後者為重，可謂心靈的耕種。劉先生創立了三民書局，也創造了三民文化，在低調中透見嚴謹和體貼、認真和寬厚，處處展現人性的善面。我在三民看書，一如置身圖書館，環境是舒適的，氣氛是雅緻的，但覺時間靜止，靈魂壯遊，滿目琳瑯，美不勝收。這樣的經驗，在臺灣並不多見，劉先生居首功。

劉先生走後，第一時間內，陳祖耀、余英時、許倬雲、莊因、石永貴、何秀煌、楊維哲、黃宗樂、杜正勝、陳純一諸先生，黃肇珩、趙琴、張燕風、謝小韞、林黛嫚諸女士，有感而發，同表痛惜，故有一本非賣品，名為《永遠的劉振強先生》，拙作也收錄其中。在此基礎上，我們另請二十多位作者，敘述每人所知道的劉先生和三民書局，或在三民寫書、編書的經過，以及感想與建議等，合為今天這本集子。

書成之際，最要感謝大家的情誼，蔚為延續到下一代的史料，讓世人知曉，劉先生的出版家地位，始於艱辛，業已傳世，終將不朽。立言所以不朽，在於印成專書，深入人心，而且可以複製，長久保存。劉先生禮遇作者，善待同仁，早已傳為出版界的佳話，我慶幸他後繼有人，希望別家也能見賢思齊，則為臺灣和中華民國之幸了。

劉振強先生事略

周玉山

劉先生祖籍江蘇南通，一九三三年四月二十八日出生。尊翁伯英公，曾任中學校長，有聲於時。尊萱袁氏，育子女六人，辛勞可知。先生幼承忠恕庭訓，未嘗或忘，日後誠信立業，獻身文化，果成一代出版家。

一九四九年，先生就學於上海，目睹神州板蕩，山河變色，乃奉嚴命，以十七之齡，隻身避秦來臺，歷經凡百艱難，不墜其志。一九五三年七月十日，在臺北創立三民書局，此後六十四載，親力親為，經之營之，遂使幼苗長成巨木，蔚為臺灣出版界之重鎮。

一九六一年，三民書局遷重慶南路，為書店街之生力軍。半世紀有餘，先生殫精竭慮，開拓出版市場，首推大學用書，法政、財經、社會等類，皆為一時之選，可謂超越百家。局面既穩，復今注新譯古籍，以利讀者尚友古人，果然突破障礙，歷久不衰。三民文庫、滄海叢刊、三民叢刊、世紀文庫等，則不計虧損，鼓勵文學，嘉惠作者，益顯先生之雍容。

一九八五年，三民書局出版《大辭典》，一償先生之宿願，亦正式奠定其出版家之地位。本套巨構費時十四載，耗資一億六千餘萬元，至今未能回收成本。二〇〇七年，先生與時俱進，重修此書，又歷十載，終於二〇一七年增訂新版，四卷合計一千七百餘萬字，足以告慰其在天之靈，並為臺灣出版界再添異彩。

《大辭典》初編之際，先生即感日本漢字通行臺灣，既不標準，且不美觀，乃破除萬難，展開造字工程。現已建立明體、黑體、楷體、長仿宋、方仿宋、小篆等六套字體，包括常用字、次常用字、罕用字、異體字、簡體字，合計約三十七萬字，人力物力之投資，遠勝《大辭典》。先生對中國字體之貢獻，兩岸誰與比肩？

一九九三年，三民書局增復興北路門市部，先生與編輯部均遷此辦公，凡二十四年。此時本版書已逾萬種，傳承學術、嬗遞文化之初衷，業見成效，先生終得稍卸仔肩，交棒公子仲傑。二〇一七年一月二十三日，先生不幸病逝，享壽八十有五，士林同哀。三載以還，書局業務賡續推展，同仁不減反增，則永續經營可期，先生遺愛可見，宜乎有此一書，還原往事，砥礪來者，再創臺灣出版之奇蹟。

目次

附錄

悼念敬愛的劉董事長振強兄

陳祖耀

民國一〇六年農曆除夕的前三天，即一月二十四日，我給敬愛的劉董事長振強兄電話賀節，接電話的是他的次子仲傑先生，他說父親已於昨天凌晨走了。當我聽到這一噩耗時，全身有如遭到電殛一般，感到一陣震撼和痙攣。像他那樣一位全身充滿愛心、充滿活力、充滿幹勁的人，怎麼竟然就這樣走了呢？真教人難以置信！這幾天來，他的音容笑貌一直縈繞在我腦際，無法忘懷，因為我從內心裡一直敬佩他，羨慕他！

我第一次和振強兄見面，是在民國四十八年的夏天。那時我在北投政工幹部學校（民國五十九年改為政治作戰學校）革命理論系任教官，講授理則學，並先後受聘到國立政治大學、中正理工學院、中央警官學校及中國文化學院兼課。我一直覺得讀書、教書、寫書，乃人生一大樂事。因此我一面教課，一面將研究所得寫成專著，送請同系的賈教授宗復老師審閱。賈教授真是一位可敬可愛的老師，他竟冒著溽暑、流著汗珠，很快即看完了，且很愉悅的對我說：「你寫得很好，可以出版！」

為了將此書出版，賈老師引我到三民書局去看劉董事長振強兄，希望他能幫忙。那時的三民書局創業未久，位於衡陽路的四十六號，只有三分之一的店面，上架的書籍也不多，承振強兄的盛意，惠允代為總發行。至於出版問題，我則去找系主任周世輔教授。周主任學識淵博，親切熱忱，對中國文化與國父遺教甚有研究，且有許多著作，其後轉任國立政治大學的訓導長，可以說桃李滿天下。其哲嗣南山、玉山、陽山諸先生均極優秀，早已成為國內知名的學人與政論家。周主任了解我的情況後，當即慨允，以其夫人闞淑卿女士所創設之陽明出版社的名義，代為報請內政部登記出版。這樣剩下來的印刷問題，我則請政工幹部學校的印刷所幫忙，分期付給他們印刷費。這樣印刷、出版、發行三個問題，才算得以解決。有人說出書好像女人生孩子一樣痛苦，我想對那些有才華有財富的人，應是輕而易舉的事。但像我這樣兩者俱無，確實是煞費周章。然而想不到出版以後，反應還真不錯。像這種冷門的書，不到一年，兩千本即已銷售一空，且榮獲總統蔣公中正頒發績學獎章一座，政工幹部學校並用作教材。

民國五十二年，振強兄要我將版權賣給他，並開出價錢。當時我因宇兒誕生，需錢買奶粉，同時再度奉派赴越工作，無暇處理印務校對等工作，而且我想由三民出版，可能也較易推廣，因此就同意了。截至民國九十一年四月，三民對該書已經「初版十五刷」了，後來又多次改版，越印越美觀，甚願它對讀者能有一些幫助。

民國八十三年十月，我自中華電視公司退休，有一天和振強兄約好，偕同內子去看他。這是三民書局局本部喬遷復興北路新廈後，我第一次去拜訪。平時因工作繁忙，疏於和他連繫，那天一進大門，就感到新廈氣勢不凡，好像當年第一次踏進介壽館一樣，難怪有人稱之為「三民王國」。振強兄熱誠接待，詳為介紹書局的經營與發展情形，並引導到各部門參觀。該大廈為地下三層，地上十一層，自地下一樓至地上四樓為門市部，五樓以上為各部門的辦公室，他們現有工作同仁四百餘人，每天都在書局餐廳用餐，每人桌上一臺電腦，每一張座椅幾乎都是量身打造，且可以調整，坐著非常舒適。他對同仁的愛護照顧，同仁們對他的向心感謝，從他們的眼神中可以看得到。在談話中，振強兄要我將經歷的事情寫出來，好幫忙出版。我說像我這樣一個無名小卒，有什麼好寫的？他卻說他覺得我所經歷的許多事情，很值得寫。大概隔了一年多，看我沒有動靜，他又給我電話催促，為了不辜負他的盛意，乃將從小在戰亂中成長的經過，及爾後學書不成，學劍又不成的種種遭遇與感受，寫了二十多萬字，以「孤蓬寫真」為書名，送請他指教，他即交編輯部於九十一年一月出版，並列入「三民叢刊」。

《孤蓬寫真》出版後，得到許多尊長和朋友們的稱許和鼓勵。尤其分隔四十多年的海峽對岸，竟有許多讀者輾轉傳閱，熱烈討論。有一位山東的丁先生，他們賢伉儷都是上海復旦大學畢業，曾擔任過很重要的職務，他們說對我所經歷的各種困境感同身受，而對我對世局演變的看法亦頗能認同。由於他們是從教會中借閱，時間受限制，他們的公子也要看，所以他們兩人就常分段朗誦，並交換意見，最後以「真、準、才、情」四字作為總評，實令人愧不敢當。尤其令我欣慰的，是我小學時的校長汪憲五先生，於民國三十四年在四川萬縣因公殉職，他的女公子家芬女士當時還很小，對父親沒有什麼印象，及至讀了拙著後，方知父親是一位高風亮節、才華橫溢、親切和善、熱愛國家、極受尊敬的好校長。她乃帶領兒孫和親友們由宜昌返回家鄉，前往父親的墓前祭拜，並鳩工修墓立碑，以作永久紀念。憲五先生是我的恩師，他的靈柩即是我在宜昌讀高中時，設法從四川運回來的。接到家芬師妹的來信，看她對父親心理與態度轉變的描述，內心萬分感動。

振強兄與王昇上將雖很少交往，但他對王昇將軍的人格風範，特別是對國家民族的貢獻，甚為敬佩，因此他要我為王昇將軍寫傳記，他將幫忙出版，我說王上將的傳記已有兩本，一本是李明先生寫的，一本是美國一名專欄作家 Thomas A. Marks 寫的，振強兄卻說，你寫的和他們寫的不一樣，你一定要幫忙寫。感於他的盛情，我乃在民國九十六年，也就是化公老師逝世的第二年，以虔誠悲悽的心，將王昇將軍的生平事跡，寫了二十三萬多字，以「王昇的一生」為書名，送請振強兄指教，振強兄立即交代出版。事有湊巧，十月五日，正值王化公安息兩周年紀念日，長年隨侍王化公的王耀華先生，安排在三軍俱樂部舉行追思會，由梅校長可望主持，他特請三民書局將《王昇的一生》送到會場，贈送與會的友好人手一冊，並由賀雨辰中將報告書的大要，獲得與會人員一致好評。僑居紐約的名作家王鼎鈞先生來信說：「可惜王昇將軍看不到這本書了！」確實我也深感遺憾，未能早點寫出來。

民國一〇〇年，振強兄又幫我將歷年來在各報章雜誌所發表的一些拙文，集印成冊，以「大時代的心聲」為書名，非常感激。

記得是民國一〇一年的元月十八日，振強兄約我到紅豆食府餐敘，因為他只請了石永貴兄伉儷和我們夫婦，因此在談話中便都推心置腹，毫無顧忌。振強兄談到他當年創業時的艱辛，他說因為共用店面的緣故，每天都夜宿在店裡，一大清早就要負責開門，所以經常睡在板凳上。他一提到「睡板凳」，突然使我「回到從前」，我說我小時候從鄉下到滸溪鎮去投考高小（小學五年級），住在一家比較熟悉的「洪昌絲行」，因它不是旅社，沒有床鋪，到了晚上，就叫我「睡板凳」，那真是一次令人難忘的經歷。因為板凳是用木頭做的，很硬、很窄、且不夠長，雖然當時我還只是一個少年，沒有現在這樣高，但也只能彎著腰，曲著腿，側著身子躺在上面，一隻手還要抓著板凳，深怕稍一不慎會摔到地上。試想董事長振強兄身為三民的創辦人，在開創時竟經常要「睡板凳」，那是何等的艱苦！

振強兄還說當年店面的油漆粉刷，亦都是他親自動手。由於資本有限，進不了幾本書，新的書只能一本本攤在檯面上，還不能插在架上，賣了一本書，才能再進一本書，因周轉金額很緊，所以每月底結帳，是最頭痛的時候。他在心情煩悶到受不了的時候，便獨自走到新公園，也就是現在的二二八公園，在那裡對月興歎！聽到他對創業時的感傷，內心非常激動，這真正是創業維艱，歷盡苦難。然而由於振強兄胸懷大志，堅毅奮發，一直以發揚中華文化、激勵社會民心為己任，所以他能窮且益堅，不墜青雲之志，終能突破種種難關，開創出一片壯闊美麗、人人稱羨讚譽的新天地。

振強兄的一生光輝燦爛，多采多姿，不論在任何艱苦的環境下，他始終像一部發動機，不停的散發著光和熱，愛和力，像他這樣一位熱情洋溢，發憤忘食，樂以忘憂，只知工作，不知疲倦，充滿愛心，渾然忘我的人，實在令人景仰愛戴。現在他猝然走了，留給我們的是無盡的哀思，永恆的懷念！但願有一天能在天國相見，傾訴離情。

悼念吾友劉振強先生

吾友劉君振強少年隻身來臺赤手空拳創闢
出版事業達於大成此世所共知而同欽毋待贅言
然君實志於道者此其所以於千行百業之中獨
取出版為獻身之地也蓋君當年渡海之際適值
神州學絕道衰之始故毅然以保存與發揚吾國文
化為己任此余所親聞之於君非故為文飾之辭以
虛美故友也聽其言也如是而觀其行也則益信
茲舉兩事以證之先師錢公賓四晚年整理舊
稿兼撰新篇為數至夥君皆隨時為之印佈凡四
十冊一也古人云讀書必先識字君深體其理故三
民書局有大辭典之纂修聘請專家多人費時

十有餘載而功成二也夫先師之論著多不易讀固未
可期之人手一編而大辭典三巨冊尤不足以言暢銷之書
然則君斷斷然為之其意初不在於利不亦明且顯
歟明儒顧憲成論其時儒商曰以義主利以利佐義
合而相成通為一脉適足為君頌矣余識君以先師
之遊為之緣自是以還每相見君必設宴長談談則
必商略文化鮮及其他謂之道義之交庶幾肯諾
子過惠施墓嘆曰吾無與言之矣自聞君歸道山
斯語即湧入腦際盤旋不能去書之以表吾哀

潛山余英時偕
陳淑平同敬悼

民國第二丁酉元宵後三日

悼念吾友劉振強先生

余英時

吾友劉君振強少年隻身來臺，赤手空拳創闢出版事業達於大成，此世所共知而同欽，毋待贅言。然君實志於道者，此其所以於千行百業之中，獨取出版為獻身之地也。蓋君當年渡海之際，適值神州學絕道喪之始，故毅然以保存與發揚吾國文化為己任，此余所親聞之於君，非故為文飾之辭，以虛美故友也。聽其言也如是，而觀其行也則益信，茲舉兩事以證之：先師錢公賓四晚年整理舊稿，兼撰新篇，為數至夥，君皆隨時為之印布，凡四十冊，一也；古人云讀書必先識字，君深韙其理，故三民書局有《大辭典》之纂修，聘請專家多人，費時十有餘載而功成，二也。夫先師之論著多不易讀，固未可期之人手一篇；而《大辭典》三巨冊，尤不足以言暢銷之書。然則君斷然為之，其意初不在於牟利，不亦明且顯歟。明儒顧憲成，論其時儒商曰：「以義主利，以利佐義，合而相成，道為一脈。」適足為君頌矣。

余識君以先師之逝為之緣，自是以還，每相見，君必設宴長談，談則必商略文化，鮮及其他，謂之道義，亦或庶幾昔莊子過惠施墓，歎曰：「吾無與言之矣。」自聞君歸道山，斯語即躍入腦際盤旋不能去，書之以志吾哀。

潛山余英時偕陳淑平同敬悼 民國第二丁酉元宵後三日

悼念劉振強先生

許倬雲

二〇一七年一月二十六日，收到蕭遠芬女士的來信，驚聞劉振強先生仙逝，為之感傷。二〇一六年漢聲的吳美雲女士故去，這兩位出版人都出過我的書籍，而且除了業務上的交情外，都發展了個人的友誼。這兩家出版社，風格不一樣，出版的書籍性質也不同，他們卻代表了臺灣文化界與一般讀者興趣的兩個園地。這兩位出版人的辭世，也與臺灣出版業的興衰，有相應的關係。最近十來年，電子出版興旺，平版圖書數量減少；我很擔心一些重要出版社領導人的離去，會更進一步影響到平版書籍的遠景。接到遠芬來信時，我第一個感想，就是臺灣的文化事業，可能進入了另外一個階段。

我與劉振強先生的結交，是在一九九〇年代開始；然而知道三民書局，卻是早在六〇年代，就有所印象。那時候，臺灣的經濟剛剛度過最艱困的階段，中、小學教育也已步入正規，學校和學生都增加。一些大學也逐漸擴張，大學程度的讀者，也成為可觀的讀者群。經濟逐漸步入常軌，雖然還沒完全起飛，可是跟著經濟發展出現的民事案件，必須有法律的保障。那時候有一群人文社會學科的大學生，即使不是法律專業，也可以報考高考的司法官、律師等項目。沒有大學學歷的一般青年，可以經過普通考試，取得資格，然後報考高等考試。

我有幾位朋友，都隨軍來臺，在臺灣逐漸安定後，脫離軍籍，進入社會。這幾位朋友，都選擇了法律作為他們未來的專業。當時一般的圖書館，還沒有充分發展。這些有志的青年們，幾乎沒有地方可以找到自己進修的憑藉。從他們談話中，我常常聽說，衡陽路的三民書局，擁有大量的法律類書籍，和相關學科的參考書。他們很感激三民書局的主持人，因為這家書店的書架，等於是圖書館。一般的書局，未必歡迎顧客長時站在書架前，只看不買。三民是例外：三民會準備一些小板凳，而且放置茶水，聽任年輕的顧客，整天待在三民書局讀書。這些朋友們，稱這個為「三民圖書館」。我聽說一樁軼事：有一位讀者，不知如何將書帶走了，走了兩個街口，三民的老闆追出來。這位讀者很慚愧，說：「對不起，我忘了把書留在書店。」這位三民的主持人卻說：「不是的，我知道你需要用這本書，你只帶走了上冊，我因此帶來了下冊，讓你帶回去閱讀。」這個朋友後來成為臺灣的名律師。

在「三民圖書館」讀書，而得到高考資格的年輕人，不知有多少位？從衡陽路的半個店面，四個書架的三民，到復興北路一棟現代大廈，具有扶手電梯，五層樓書櫃的三民，有了許多變化，然而，年輕學生和社會讀者，仍舊可以在三民書局的書架前，任意瀏覽，終日不離開。這些特點，是三民書局值得驕傲之處。也是劉先生自己的性格，才能在一個書店，留下如此的傳統。

我自己與劉先生結交，是經過二姊夫祖敏（李模）的介紹。二姊夫自己是專業律師，尤其長於民法。第一次和劉先生見面，是他邀請二姊夫與我午餐，我才認識了這位性格樸實，也並不善於言詞的君子。他自己不多話，可是專注地聆聽別人的談話。同樣地，他自己不貪於飲食，卻盡量以他認為最好的菜餚，招待客人。關於後者，我想很少人能想像，主人不懂得點菜，要由祕書點菜。他待客的地點和菜餚，往往非常昂貴，可是他自己並不在乎滋味，卻是以這一方式，來表達他對客人的誠意。

雙方更熟悉時，他改變了作風：設法安排兩位能談得來的客人，由他作東，請朋友同餐。他的目的，不是讓客人互相作陪，而是盡量創造一個環境，讓他的朋友們，除了飲食以外，還有愉快的談話。他經常邀我陪伴陸以正先生，一位非常知識廣博、風趣健談的外交官。在如此的場合，經過劉先生自己的苦心安排，卻是做到賓主盡歡的境界。

我曾經好幾次參觀三民書局的《大辭典》編輯部。他的志願，是要編成一部可以延續《康熙字典》的辭書。這一個編輯部，有常任編輯委員，也聘請了很多助手。他的另一志願，則是製作一批漢字字模。自從臺灣光復，一般的印刷廠，還延續使用日本人留下的字模；積久成習，各家印刷廠需要補充字模時，還是向日本訂購。劉振強先生許願：要為臺灣發展一套真正的中文字模。這一工程，一筆一畫，都必須參考著名的碑帖和版刻。字模的工作室，也是人員眾多，有書法家、有美工的技術人員，還有立刻澆模、製版的實驗——上面這兩項工作，都必須投下大量的人力和資金。一般的出版業者，不會願意擔起這種耗時費力的工作；劉先生卻是鍥而不捨，數十年如一日。

後來，他徵得了我的同意，將我的散篇文章，編成「江水系列」。這些文章，主要是在七〇、八〇年代，我為了臺灣建設階段，撰寫的評論。如果沒有這些文集，這一些散篇拙作，還真不容易找全。之後，為了出版一部給高中歷史教學作為參考書的書籍，劉先生讓蕭遠芬女士與我合作，編成為一部小書《史海巡航》。

二〇一〇年以後，因為二度脊椎手術，我沒再回臺灣，然而，經過遠芬，我還是經常與劉先生互通消息。數十年的故交，今日永訣，能不感傷？我只盼望，他創下的事業，仍能永久保持他的做人作事風格。

燦爛的人生笑容

黃肇珩

站在劉振強先生靈前，凝視牆上彩色照片，劉先生微側揚著頭，笑得好燦爛、溫馨，他在讚頌人生。

除夕前一天上午，三民書局朋友來電告知，劉先生於一月二十三日安詳辭世。我們非常震驚、哀痛，尤其感到遺憾，今年沒有看到劉先生新年卡片，心裡就有點不安，如果提前打電話拜年，也許還可以聽到他的親切聲音！

我們帶著兒子中駿，到劉先生靈前上香致哀。特別要中駿雙手合十敬拜，感謝劉伯伯生前對他的關愛和鼓勵。中駿數年前，因腦瘤在美國動手術，我們兩岸奔波，劉先生電話、電郵關切、鼓勵、慰勉，給了我們一家人很大的支持力量。

兩年多前，中駿回國繼續治療、復健。有一天劉先生突然來訪，一進門，他就說：「我知道如果事先通知你們，一定不讓我來，所以我就不請自來。」他抱拳連聲說對不起，我們真不知道如何表達內心的感激。

第二天，劉先生派人送來一箱日本進口的大水梨，告訴我們，這是直接從鮮果市場買的，非常新鮮。他送梨來是因為前一天來訪時，側知中駿喜歡吃梨。連續幾個月，每隔兩星期，三民書局那位朋友定時送來，直到水梨季節結束，中駿品嘗了一百多個上等水梨，每一個梨，都蘊聚著劉伯伯深切的祝福，真是幸福，對他的健康也很有助益。我們愧不敢當，這份情誼我們無以為報，只有感念深藏心中。

在一旁答禮的劉先生幼女念芸告訴我們，她和中駿是私立靜心小學的同學，她在同學會聚會時，見過我們推著輪椅送中駿參加，爸爸要她找機會告訴我們，她遲疑一直未及開口。

靈桌上，放了一本《大辭典》，這是三民書局的鎮店寶，綻放著這位獨特出版家，傳承中國文化理念與堅持的異彩。

在劉先生的八十五年人生旅程中，投注一半歲月在「造字工程」，為了解答「中國人為什麼沒有自己的一套完整標準字模」。這本《大辭典》的每一個字，都蘊聚他的鉅觀、遠見、堅毅、執著。

被視為出版界硬漢的劉先生，有他柔情的一面。

十多年前，《記者》一書出版，我送請劉先生指教。第二天，他來電邀我和甘毓龍先生一起午餐。他說，他已看完《記者》，相當具體指出我在書中記敘的某些他所知道的人與事，撰寫很正確，給我很多讚語和啟示，對我所受的委屈，他一一分析，為我抱不平，也給我勸慰。他對人生是那麼豁達開敞，我受益，我由衷敬佩他。

他翻開《記者》，指著一張我和母親的合照說：「我永遠沒有機會像你這樣摟著我的母親拍張照片。」他流下熱淚，他哭了。

我和甘先生都愣住了。這是我第一次看到劉董事長流淚，也是最後一次。

這張引起劉先生思念母親的照片，是一九九〇年我回福州老家，拜見離散四十二年老母的留影。他說，他這一輩子最大的遺憾，是無法報答親恩。

念芸遞給我一張非常簡樸、典雅的訃聞。淡紫底襯嵌印陶百川先生為劉振強先生題的字：「行者常至，為者常成，儉者寬裕，學者聰明。」他引以自許，掛在辦公室壁上，每天面對，列為座右銘。俯閱訃聞，回憶在劉董事長辦公室，他指畫著陶公題字述志，那剎那往景，頓覺這位振強老友生平所行、所為，深深把捉到剎那與永恆間的真邃。

我和劉董因同為出版界當家人而相識、相知，我常向這位先進請教，獲益多多。他對我在出版界，和他一樣與眾不同的獨特而又與他有異的風格，深表推許，因而，在我退出短暫的出版職場生涯後，持續二十多年的友誼往還。特別值得一提的是，在

《三民書局六十年》文集中，我以極少數非三民書局的作者，應邀寫了一篇〈他，一點也不肯退讓〉，表述我對他膽識、勇氣和魄力的敬佩。

外子馬驥伸，是經政治大學李瞻教授推薦，為新聞學叢書寫了一本《新聞倫理》，晉入三民作者群，在《三民書局五十年》文集，寫過一篇〈一枝筆寫兩個人對三民的印象〉，他在文中引述我的一句話：「想到三民書局，先想到劉振強。」近十多年來，我們的確是「一」、「兩」、「三」，三人常聚，劉董還特意邀約驥伸早年友人翁岳生院長、許智偉教授、朱石炎教授，把酒同敘，話題間無意流露出劉董珍視的不僅是知識與文化，他更珍重的是學者與文人。

在靈堂前剎那間，我觸悟，情感上，我們難以挹住哲人友人逝去的離緒；理性上，我們心幸有緣結識過這位勇毅的行者、記憶得他堅據一隅，默默為文化耕耘，這種抱負與精神所象徵的永恆意義。

亦師亦友，今之儒者

許智偉

自一九九八年暑假回國定居以來，常有機會應劉董事長振強先生之邀。至少，每年他宴請司法院長翁岳生夫婦及馬驥伸、黃肇珩賢伉儷時，都不忘邀我和先室顏粹哖作陪。向來內子怯於應酬，但對劉董事長的邀請卻從來沒有婉拒，因為她說：「劉老闆平易近人，幽默風趣，席間談笑風生，沒有大小眼地照顧每一位座上客，真是一位令人尊敬的好主人。」對我來說，每與振強先生同席，更有如沐春風的感覺，他博聞強記，語多珠璣，常常使一場普通的相聚變成知識的饗宴。尤其是當他談及數十年前與恩師鄒文海、林紀東、沈亦珍及李兆萱等交往的情形時，無法不勾起對師長們的無限思念，感謝他們當年對流亡學生們在知識上的啟蒙與生活上的照顧。如果沒有他們的宏恩大德，哪裡有我們以後的學業與事功。所以我常說：「振強先生對我來說，是亦師亦友！」

後來幾次宴會，他介紹從美國學成，具有AI科技專長的總經理——哲嗣劉仲傑相識。大家慶賀三民書局不僅有代表中華文化道統的今之儒者來領導，現在又有受過現代科學洗禮的少年英雄來相助，必能百尺竿頭，更上層樓！

以往一甲子，三民書局在「亦儒亦俠」的振強先生肝膽豪情地苦心經營下，從租用半間店面開始，終於興建了「重南」與「復北」兩棟巨廈，出書萬種，展書更達廿餘萬。這樣的成功需要何等大的魄力與毅力，更需要有何等高的智慧與機運。何況，如沈師母兆萱教授所言：「振強先生沒有把書局僅僅當作營利事業，而是經由編寫、印製及發行等程序以完成文化傳承、知識交流的使命，是屬於精神層面的，是擁有智庫以供應充實生命存在的精神食糧。」所以她推崇振強先生是士人，是出版界的精兵，文化界的先鋒，正在繼續中華文化的道統。

影響生民最深、利用人數最多的文化大工程是進行了十四年，「把公司累積的資金全部投入」才完成的《大辭典》，內容涵蓋古今中外，詞條超過十二萬，敘述文字高達一千六百萬字；不僅讀者稱便，而且保存及發揚了中華文化。不僅如此，又不畏困難地投入二十多年時間，從事「造字工程」。針對七萬多個中國字，同時書寫六種字體，且自行製作銅模、鑄造鉛字，替中國文字穿上了美麗的新裝。又為迎接電腦時代的來臨，研發及提昇排版系統，從當時「萬碼奔騰」的情況中，首先選用文建會的「中文資訊交換碼」（英文簡稱：CCCII），在 Sun 工作站 Unix 作業系統下開始第一代排版軟體。接著由 Sun 工作站平臺移植到微軟個人電腦平臺，成為第二代排版軟體。為期與世界標準規格接軌，並祈增強排版軟體的效能與穩定，進一步採用開放文件格式與插件架構技術，而完成了第三代中文排版軟體。可見創新何其艱難。文化工程影響千秋萬世，這許多本該由國家群體所做的事，但振強先生卻以一介布衣獨力完成。雖然其功可追古聖畢昇，可比西賢古騰堡（Johannes Gutenberg, 1398–1468），但他自己卻謙虛地說：「這不過是讀書人所該做的一件傻事。」這是何等的胸襟！

有次拙著《丹麥史》及《西洋教育史新論》已經存書不多，書局同仁來問：「應否再版？」其時直覺地回答：「當然要再版，但必須先增訂修正。」同時，由於國立彰化師範大學替我出版的《教育文選》已經再版，反應不錯，似有餘力再出一本新書，報告回國二十年來的教學心得。起初六年我在淡江大學歐洲研究所開設「比較外交政策」，其後因為醉心於同時應用實證的、詮釋的及批判的方法，從事系統研究，改在該校國際關係及戰略研究所主持「外交戰略」有關課程。理論部分已歸納在歷年所編講義之中，但仍須選取中外歷史中有關的事例來印證理論。未經深思，冒失地問振強先生，可否借閱三民書局書庫中的寶藏？原期他會拒絕，焉知他痛快地答允，要我與編輯部劉主任培育聯繫安排，他會先行交代，這是何等慷慨！可惜我迄今尚未使用過這一項特權，因為內子病重，進出醫院數次，且於二〇一五年底先逝。我頓時生活失依，天地變色，自己的健康也亮起紅燈；發現癌細胞移轉骨髓，白天步履維艱，晚上無法入眠，經與教會弟兄禱告後，從看了二十年病的臺大醫院轉診至和信醫院，才奇蹟似地逐步康復。但又於二〇一七年初驚聞這一位恂恂君子、彬彬儒者，對我是亦師亦友的振強先生遽歸道山，何其悲痛！劉董事長一生刻苦奮鬥，創業有成，被譽為讀書人中最會賺錢的人，但卻自奉甚儉，絕不把公司的資源耗費在私人的享受上，不菸不酒，甚至不茶。視書局為家庭，與同仁同桌共餐，互相扶持、上下同心，這是何等的美談。陶百川先生所書「行者常至，為者常成，儉者寬裕，學者聰明」的座右銘，他做到了，的確是青年效法的榜樣。尤其令人佩服的是他為人「講信義、重然諾」，如逯耀東先生所言：「遇友人有危難，必慨然相助，而不求報償。」許多苦學出身的作者，多接受他的援手才度過難關。小女永聖當年獲俄亥俄州立大學獎學金赴美求學時，便是靠三民書局預付兩本書的稿費才能成行。所以我對周玉山先生所說：「五十年來，他念茲在茲，經之營之，造福了文化人，豐潤了中文世界，也讓我在知識的殿堂中，望見人性的光輝。」深有同感。古人云：「積德之家，必有餘慶。」亦求上天蔭庇他的後人，祝福三民書局在新的甲子更創新局。

他年見面，我要向劉董振強兄說的話

黃慶萱

我們總歸會在天上見面的。我最想向您說的是：「我的《周易六十四卦經傳通釋》已寫完交稿了，編輯部也排印出版了。」

這本書是一九七四年和書局簽約撰寫的，當時還收了訂金新臺幣貳萬元。但我寫得很慢，二〇〇七年才交出《乾坤經傳通釋》，〈導言〉中，我還曾寫下：「在八十八歲前完成《周易六十四卦經傳通釋》的願望，不知能否遂願。」我今年已八十九歲，當然八十八歲前交稿願望又落空了，我只交出《周易》前六十二卦《通釋》的稿子。好在身體還算健康，雖然「視茫茫、髮蒼蒼」，但「齒牙」沒有一顆「動搖」，想來還有好幾年可活。寫這篇紀念文章時，《周易通釋》我已寫到最後的一卦，〈未濟．九二爻辭〉已寫成了。剩下只有四爻，半年之內，一定能寫完！

寫得這麼慢，當然也有些原因。第一件是：在大學教書，本來六十五歲就可以退休了。退休俸和薪俸所差有限。但系方堅邀我延退，盛情難卻，一直到七十歲才正式退休。退休後又被世新拉去教了一學期的課。世新中研所之聘，對我來說，是中研所瞧得起我，給我一個榮譽，卻之不恭。再一件，是每月收到的刊物太多，有些刊物一拆開就放不下手。內人說我看雜誌的時間比寫《周易》的時間還多。現在我忍痛把《遠望》、《海峽評論》都停了。

順便說說我《周易通釋》的寫法。西漢古《周易》大致上都是「十二卷」本：〈經〉上、〈經〉下、〈彖傳上〉、〈彖傳下〉、〈象傳上〉、〈象傳下〉、〈繫辭傳上〉、〈繫辭傳下〉、〈文言傳〉、〈說卦傳〉、〈序卦傳〉、〈雜卦傳〉。西漢後期，費直在民間傳《易》，本子是古文寫的，號「古文《易》」。無章句，只把〈彖〉、〈象〉、〈文言〉插入上下經為解說，費直可能是第一人。費直《易》在西漢時未能在「學官」列為正式課目。到東漢時卻大大流傳，馬融、鄭眾、鄭玄、荀爽，都傳費氏《易》。東漢末期鄭玄《易》已將〈彖〉、〈象〉整體移置於〈經〉後。晉王弼《易》更將〈彖〉、〈大象〉、〈小象〉分置於〈卦辭〉、六爻〈爻辭〉之後。但〈文言傳〉卻只將整體一分為二，置於〈乾〉、〈坤〉兩卦最後面。王弼只注了〈經〉上、〈經〉下，〈彖傳上〉、〈彖傳下〉、〈象傳上〉、〈象傳下〉、和〈文言傳〉。他的學生韓康伯補注了〈繫辭傳〉上下、〈說卦傳〉、〈序卦傳〉、〈雜卦傳〉。唐代孔穎達取王弼、韓康伯注本，詳加疏解，名為《周易正義》，又稱「單疏本」。後人合《注》、《疏》為一，是為「《注疏》本」。唐李鼎祚稍後於孔穎達，他不滿鄭玄「多參天象」，王弼「全釋人事」的作風，於是「集虞翻、荀爽三十餘家。刊輔嗣（王弼）之野文，補康成（鄭玄）之逸象」，而作《周易集解》。《集解》在經傳的安排上有一特色：就是把〈序卦傳〉拆散置於〈卦辭〉之前。如〈序卦傳〉首句：「有天地然後萬物生焉；盈天地之間者唯萬物，故受之以〈屯〉。屯者，盈也；屯者，物之始生焉。」就被割開，擺在〈屯〉卦辭的前面。宋代程頤作《伊川易傳》，也在卦前明卦序。伊川不太講象數，與《集解》迥異。但先說卦序，再說卦辭，卻同於《集解》。而全盤推翻《周易》經、傳分列十二卷古本，以傳附經的，是清朝的朱駿聲。朱駿聲專治《說文解字》和《周易》，他的《說文通訓定聲》打破《說文》分五百四十部首，始一終亥的安排，而取《說文》九千餘字，分為一一三七母，編成十八部，這是革命性的改變。他所作《六十四卦經解》，拆散《十翼》，附於經下，也是空前的。可惜的是：《經解》在〈繫辭傳〉部分，仍有些遺漏。我這本《通釋》在經、傳安排方面，全依朱君《經解》，只是將《經解》偶漏的，加以補全而已。

再說《通釋》寫作的過程。原本是按照〈乾〉、〈坤〉、〈屯〉、〈蒙〉、〈需〉、〈訟〉、〈師〉……一卦一卦地寫下去，在臺灣師大的《易經》課上，也這麼一卦一卦地教下去，大致教到〈同人〉就結束了。直到有一年，師大中研所入學考試，專書《易經》

卷上出現「試論：《周易．艮卦》之大義」的考題，我才恍然大悟：八卦要先教完。何況宋儒有號艮齋的，有號止齋的，都是醉心《易經》的理學家。（也都是鄙鄉賢溫州人。艮齋薛季宣，字士龍，永嘉人；止齋陳傅良，字君舉，瑞安人）此可見〈艮〉卦的重要。於是〈同人〉之後，我接著寫〈坎〉、〈離〉、〈震〉、〈艮〉、〈巽〉、〈兌〉。後來指導研究生以「《周易》憂患意識」之研究為碩士論文題目，因此自己必須對「三陳憂患九卦」有所了解，於是接著寫此九卦，九卦中〈履〉、〈巽〉前已寫過，新寫的是〈謙〉、〈復〉、〈恆〉、〈損〉、〈益〉、〈困〉、〈井〉，七卦而已。但〈履〉、〈巽〉依後七卦寫作體例有所修訂。這些卦注釋完成後，多曾在學術期刊上發表過，後來三民書局蒐集刊印，名為《周易讀本》。這次作《經傳通釋》，從〈乾〉、〈坤〉重新開始，雖依早年所寫「讀本」作基礎，但幾乎全般改寫，內容、體例，完全不同了。

至於每卦的寫作過程是：

一：先依十三經注疏本抄下經、傳原文。在「經」部分，先卦爻名，再卦爻辭；在「傳」部分，依〈彖傳〉、〈象傳〉、〈文言傳〉、〈繫辭傳〉、〈說卦傳〉、〈序卦傳〉、〈雜卦傳〉次序插入「經」下撰作，缺者從略。

二：卦名、爻名，初只寫「名」，而暫不注釋。等全卦、全爻通釋寫完後，再補注卦名、或爻名。大略近於「卦旨」、「爻旨」，但以象數為主要內容。

三：將〈卦辭〉、〈爻辭〉、《十翼》分句。在經部分，先明其為「象」或「占」；再錄近年發現：上海博物館藏《戰國楚竹書（三）》中《周易》濮茅左的〈釋文考釋〉，和長沙馬王堆漢墓出土的帛書《周易》。帛書〈經〉部分參照張立文的《周易帛書今注今釋》。在〈傳〉部分，參照廖名春的《帛書易傳初探》。當然《周易》文字方面，古今異文甚多。從東漢許慎的《說文解字》到近年出土有關《周易》文獻，大陸學者侯乃峰著成《周易文字彙校集釋》，材料豐富齊全，所下工力極深。《通釋》重在象數和義理的詮釋；異文方面，雖在必要時偶有提及，但非重點所在。專門研究《周易》者，不妨逐卦逐爻先讀侯著，再讀《通釋》，也許是比較實際的門道。

四：將六十四卦經傳逐句注釋。大致上先據李鼎祚《集解》和李道平《纂疏》說清象數，偶亦加以評斷。其次敘述王弼和韓康伯的《注》，偏近道家玄言。但孔穎達《正義》多少已拉回到儒理。第三，講述宋元以來的理學《易》，以程頤、朱熹為主。重要的參考書是《通志堂經解》裡的《大易集義粹言》，為清皇族納蘭成德所編，和《周易折中》，為清大學士李光地所編。注釋先說「象數」，再講「義理」，徵用同派之說，則以時代為序。

五：語譯。全卦經傳全部注釋完成，再作語譯。這樣，就可強迫自己把注釋重看一遍，如有前後矛盾，也可以修訂改寫，而全卦語譯，也有一氣呵成的順暢。語譯不談象數，只以口語說明文本的義理。

此文到此，字數已超過二千字，最後我要說的是：簽約四十六年（一九七四－二〇二〇年）了，您怎麼能夠一次都沒催過我？這在情理上，使我深感愧疚；在法律上，我可能做了違法的事。多年以來，我已謝絕兼課，投稿，參加學術會議，指導學生寫作學位論文及口試，高、普考典試閱卷等。這篇文章，可能是打破了多年慣例。今年年底之前，我一定寫完六十四卦最後半卦，交出全稿，然後快快樂樂地享受餘年。

強人劉振強兄

莊　因

「強人」一語，在臺灣近數十年來，是對於業界有獨特抱負、秉持強勢作風的人物的一種正面稱許的讚詞。所謂「強」，是有廣闊胸襟及遠見高矚，又復意志堅定的描摹。強人的作風，難免會有一點霸氣，而霸氣的擴充，卻不傷人，只為達到振興的目的，這就是「強人」的顯身手之處了。

劉振強兄就是我所見、所識、所結交的一位文化界強人。強人而低調，而不彰顯，這更難得。振強兄是臺灣當今文化界的強勢推手，他的謝世，家屬遵照其遺願不辦公祭，不發放消息，不驚動各界，只留下他生前的一間辦公室供親人及各界朋友追思，這就是真強人的一種可貴風範。

前教育部次長黃碧端女士，在臉書上發文，道出振強兄生前的一則有真強人作風的小故事。她說，三十年前，一位臺大學者欲購買校方剛建好的宿舍一棟，苦於付不出頭期款，事為振強兄知悉，攜款親赴該學者住所，表示解燃眉之急之用，而該學者始料未及，連稱：「這錢我怎麼償還？」振強兄稱不必償還，只要以後寫書交付三民書局出版即可。沒有一紙字據，三十年間也從未向該買屋的學人催討借款，而該學者終於八十歲時交其重要著作給三民出版。我不知該學者究係何人，也不知其大著為何，但覺此事絕非出於一般常人，所謂的「真強人」，就是如此這般。臺灣文化界普稱振強兄為「今之古人」，足見他行事作風之強勢度人。

為商者，一般言之，多是以利為旨，鮮見大格局的展示。對於古籍的出版，在臺灣的出版界近年已式微。但振強兄卻把古籍如「四史」、《資治通鑑》等典籍，花費鉅資聘用專人不計成本做出今譯今注，嘉惠國人，我們以此稱說振強兄是有大格局的出版家和文化推手，並非過譽。

許多年前，我返臺與振強兄在其三民書局見面，他親自帶我去看他的編輯部文史部門，大約有兩間教室大小，坐滿了勤奮精神貫注的工作者，當時給我的不止是震驚，而更是由衷感佩。這就足見其具有非出版界的一般人的大手筆、大胸襟和大格局了。

三民書局前後為我出版了十冊以上的書，可說自第一本《詩情與俠骨》於民國八十四年出版以來，彼此已建立了二十年的情緣。我與振強兄的關係，由作者及出版人而至朋友。像我所寫的這類非暢銷作家的純文學著作，站在「生意」的角度，振強兄定會明知是「賠本」的，但他前後都一一接納了。民國一〇四年春間我偕妻返臺，到書局與劉兄見面，我將《嶺深道遠》及《莊因詩畫(二)》二書手稿交給他，妻笑說：「這類滯銷的書肯定讓您破費賠錢，吃虧了。」不意振強兄竟語帶幽默笑稱：「不然，只是出書冊數稍微少些罷了，實則吃虧的恐怕是莊兄吧。」這就可看出振強兄的動人機智，和高品質的談笑能力及商業頭腦。

振強兄名諱「振強」，似乎他生來就命定是一位真正振興志向及事功的強人。我寫了一對輓聯追念這位商界的出版事業文化人，是這樣：

振興文化，表率同業真君子
強勢風骨，坦誠推己不凡人

一代出版家，萬代受惠

石永貴

以出好書為志業的劉振強先生，終其一生之力，出版了萬種以上的好書。中華民國一〇六年一月二十三日凌晨，以八十五歲高齡，虛歲則為八十六，與「書」告別。因為適逢中國農曆春節，劉府子女不願在新春期間驚擾各方親友，乃遲至正月十二日始發布哀訊。風行海內外的《聯合報》，就在當日文化版頭條：「創辦三民書局　劉振強八十六歲辭世」，震驚全世界華文讀者。

當日的新聞照片，振強先生一如往昔，面帶笑容，特別的，胸前帶著鮮花，是一生成就的光彩。

三民書局讀友遍世界，就正如一位臺大教授所說：凡是在臺灣受過高等教育的，沒有一位沒讀過「三民」版的教科書。

我全家有幸，都受過劉先生的恩賜，受益無盡。

內人也非常崇敬劉先生。一天，劉先生就問我，石太太學教育的，也在學校教書，讀過《史記》沒有？我就據實代答：在臺灣受教育的，自中學到大學，總會在教科書中讀過《史記》中幾篇，因之對司馬遷知之甚詳，其他就知之甚少！

劉先生不講話。第二天清晨，就遣書局的先生，送來《史記》全套八本，外加《三國志》全套六本，《漢書》全套十本，《後漢書》全套十本。

我問送書的先生，多少錢，他說：劉先生沒有交代。

在電話中，我與劉先生表達我如獲至寶的感謝外，最重要的，請教多少錢。

劉先生笑而不答，我從九折算起，他最後講了一句話：談錢就不值錢了！

我也開了一句玩笑：您存心把我家的書架壓垮了！

看樣子，這個鉅額書款，只有掛帳一輩子了。

先輩有言：二人的交情，可以成為三代情。劉先生惠我良多，就是如此。

去歲夏季，小孫女自美返國度假，她常聽我在飯桌上提到劉董、劉董爺爺，就很想見見廬山真面目。

她就很想隨我到書局拜見這位劉董，書海中的大人物。

振強先生不知怎麼事先知道了，就在電話中叮嚀我：千萬不可。

到底劉先生腿勤，就在預定那天上午十時要去拜見劉董事長，當天上午九時，劉先生坐車來到寒舍叩門。

出乎我們意料之外，小孫女知道貴客，即開門相迎，並代我們迎為上位，讓我見識到美國國民基本教育還是有用。

劉先生視為自己孫女話家常，問她將來做什麼？如果從事文、法事業，必須先把中英文搞強，劉先生並進一步分析：十九世紀是英國人天下，二十世紀是美國人天下，二十一世紀是中國人天下，中文將在二十一世紀通吃天下。

小孫女連答：劉爺爺我懂，我懂。現在我在學校班上，英文不比美國同學差，中文已有基礎，現在每週日爸爸陪我上社區華文課，我還要加強西班牙文和電腦。

劉爺爺走後，留下一個問題，她不好意思問：劉爺爺怎樣致富的？

我代為提出三個字：友信道。

劉爺爺朋友很多，真是交友滿天下。知名學者與教授，都願把自己書稿搶先交給三民出版。

劉爺爺與不熟識朋友相交，只憑一個字：「信」。誠信為己、為人。

劉爺爺相信「道」，一生緊握著道，一步一步向道走，走出三民的康莊大道。上萬種書，再加上巍巍壯觀的三民金色大樓，大陸及國外來客拜訪，稱為臺北文化總統府，確實當之無愧。剛落成時，風傳美國駐臺北一文化機構，尋找新辦公樓層，就相中三民大樓，但被天文數字租金嚇退。

我自民國六十年起，因為學新聞，平時喜歡寫點東西，為老友賀照禮兄引介，持稿「毛遂自薦」，到臺北市重慶南路三民書局，拜見站在店內，二袖帶布套的劉振強先生。他親自接下書稿，略作翻閱後就告訴我：「沒有問題。」此後二、三十年間，他的勤勞、熱忱與仔細的精神，從小做起大事業，令我無限嚮往。

於是，「透過閱讀與觀察，國內外三位先生成為我主持艱困事業的引領者與行為上的開啟者：一位是我在政大研究所恩師王雲五先生，一位是日人松下幸之助先生，一位是劉振強先生。」（這是寫於民國七十九年《勇往直前》一書序。）

劉先生在友朋中引為了不起的精神，就是人幫他小忙，他視為大忙，常掛心中；他幫人大忙，他視為小事一件。

劉先生一如世界大事業家，為人節儉，飲食簡單，如美國第二大富翁巴菲特、香港首富李嘉誠。他中午必與員工一起用餐，要求可口舒適的菜飯。這可能基於早年他看到老闆苛待員工的經驗，當時真是看在眼裡，痛在心裡；有朝一日他當老闆，視員工如家人，有飯大家吃：吃得飽，吃得好。

他不喜歡吃大餐，更不喜歡飲酒。我倆可謂投緣，常一起相約吃臺北市忠孝東路同一家晚餐，我只要求劉董一定要搭私家自用轎車來，他說：有難處，因為駕車同事忙，走不開，可知他連一位司機，都捨不得請。他身上還懷有公車票。自己私家車，作接待客人用，如他所敬重的陸大使以正，旅加的陳祖耀將軍，在臺北期間，都是劉先生禮遇的常客。

我受惠劉先生太多太多，卻無法回報，最後一次，也是永遠無法兌現的，我約他吃小館，從民國一〇五年年初彭歌先生在圓山飯店宴請劉董之日，直到接獲書局黃祕書電話惡訊，分分秒秒，我都記在心裡，卻無法接到他赴約的電話。

董事長的笑容，將永遠在我們心中。

書緣綿綿

黃永武

在《三民書局六十年》一書中，我曾專寫《好句在天涯：我怎樣寫散文》到三民訂約時，與劉振強先生會面聊天的有趣回憶，還像昨日。《三民書局六十年》過後，我在三民又有兩本新排版的書，一本排在劉董事長生前，一本排在他身後，現在再回憶出書前後的往事吧。

前一本書名為《我心萬古心：我怎樣做學問》，三民指定的責任編輯為鄭兆婷，以前我稿子怎麼寫，書就怎麼印，這次不同了。我原本放在第一章的「遊山玩水，會心處都是學問」，而且以「烏龜想吃天鵝肉」為第一節，以為一開卷就可以吸引讀者的。她不從這兒著眼，建議還是正正經經，以「首先選對與自己性向相近的學門」擺為第一章，由此為做學問的起點。我一聽年輕人的想法，章節程序井井有條，於是從善如流，調動章次。責任編輯會有建議，發揮了助益作用，我明白三民又進步了。

當鄭編輯告訴我，全書將寄給我作最後校對時，我即刻回電給她，不必寄來加拿大，寄來寄去很費時，若有所改動，斟酌商量也不方便，我決定回臺北親自校對。掛上電話後，我和內人立刻訂了飛機票，我是把完成校對好一本新著作的工作，當成是賞心樂事，就像是新鑄成一把劍，新插滿一盆花，很有成就感。夫婦同時回臺灣既能校好新書，還能兼看老朋友，自然樂上加樂。

二〇一四年四月十日，我夫婦剛到臺灣就去拜望劉振強先生，那年劉仲傑先生已返國，亦有幸拜見。劉董事長一見我，大談逃過心臟病的康復經驗，特別勸我說：「你只要是還健康，就繼續寫，不停寫，寫越多越好」。我明白這不是見了作家他都會這樣說的，話中有對我長年來特殊的看重，才如此寄望於我，其中寓有相知相惜之情，令我感動。聊到中午就去紅豆食府敦南店午餐，二〇一二年也曾在此一店家午餐，劉董事長和我小時候都住在上海虹口區，都喜歡上海菜，清炒蝦仁、清蒸魚、無錫肉排骨、蒸素餃，營養而不油膩，百吃不厭。邊吃邊談小時候上海的模糊記憶。但兩人同樣都不曾回上海去過，餐後他主張合影留念，四人笑意還在臉上，有講不完的話。沒想到那時仍神采飛揚的劉董，等我再來時已見不到他了。

後一本書是《詩心》，《詩心》是我五十年前寫的舊書，去年又重新排版，重新設計，在紙本書銷售量最低迷的時候，新書都少見推出，三民卻將這本舊書高雅打扮後，面目一新地二度問世了！

回想五十年前，《詩心》交給三民出版時，我還是剛得博士學位的窮學生，三民也初創立六年，劉振強先生四十歲，滿頭黑髮，身穿白色短袖香港衫的簡樸形象。書也印成小小的口袋書，封面只有單一色。現在書印得優雅大方，一流設計，整個書店也局面大開，但劉老董卻功德圓滿，隱身天上了！

《詩心》的新印，讓我自己也重新打量這本小書，想一想它是怎麼會被三民主事者，從萬千舊書裡挑選出來重排重印的呢？我想三民可能是發現這本小書雖小，卻是開啟後來中國詩文鑑賞潮流的第一濫觴，它正是源頭處，從《詩心》再出發，我就寫《中國詩學》，講究各種詩文鑑賞的方法與條例，至《中國詩學增訂本》完成，這三四十年中，中國詩文鑑賞的推廣，已掀起海峽兩岸的熱潮了，詩文精美已有法可說，有軌可循，因而國語文的教學也就引起了大改變。劉老闆當年只管印書播種小小的《詩心》，而今天全中國已鮮花開遍了！

我寫這兩段出書的往事，作為對劉董事長揚眉吐氣於天上的祝禱，也對現今主事者精到的眼光致謝致敬。

分享三民書香，憶述劉董本色

陳三井

身為一個讀書人、愛書者，哪有不常逛書店的道理。從六十多年前到臺北上大學開始，便養成假日或課餘搭三路公車到重慶南路，當時頗負盛名的書店街逛逛的習慣。若有一星期不進書店瀏覽磨蹭，便覺渾身不對勁，因為一旦精神食糧供應鏈中斷，實在比三月不知肉味還嚴重。

在眾多書店中，一直以來我獨鍾三民，喜愛三民的書香。原因主要是三民的文史哲書種（無論重南或復北門市）豐富多樣，分類細緻，很快便能找到自己想要的書籍。重南門市展場包括地下室的簡體館，共五層，但所占坪數恐不如復北的寬敞，所以復北的史學書架更多，分類更細。近年來，出版品並不因看書人或購書者變少而減量，故兩店均已書滿為患，書架之不足又輔以書桌擺設，雖有「坐擁書城」的樂趣，但卻不無空間逐漸偪促的壓迫感！

筆者退休後，有段時間在敦化北路某一社團上班，常利用午休時間步行約十分鐘到復北門市逛逛。老遠便看到「三民書局」、「東大圖書」、「弘雅圖書」、「三民網路書店」、「代理政府出版品」，五塊顏色不同卻很調和的醒目橫牌向讀者招手；另有一塊「全國藏書最多」的直書大招牌高掛壓陣，感覺氣勢不凡，復北門市似乎比老三民更充滿創意和新氣象。

個人有幸，曾分別由三民、東大出版過《勤工儉學的發展》、《近代中國變局下的上海》、《近代中法關係史論》三本書，分別列入「滄海叢刊」與「大雅叢刊」，看到那五塊醒目的招牌，更有「賓至如歸」的親切感！

古人常說：「開卷有益」，我個人的體會則是：「逛書店常會有意外的收穫。」為了應三民書局編輯部之邀與主編周玉山委員之命撰寫本文，最近筆者特別抽空再分別走訪重南門市和復北門市多次，除了分享書香、重溫舊情之外，順便想索取一冊《三民出版品總目錄》。不料，兩店的櫃臺女服務員皆面有難色，復北的一位勉強給我一本《古籍今注新譯叢書／中國古典名著目錄與簡介》，重南的另一位給我的是《兒童&青少年讀物目錄》，並打開櫃臺上的電腦告訴我說：「我們三民的出版品總目錄都在電腦裡，你自己可以查尋！」天啊，三民書局經過六十年的辛勤耕耘，已經出版超過一萬種書籍，這是一項既不可能也不切實際的作法吧！我自忖「何其天真」呢！

還有，我最近剛完成〈旅歐留法先驅者的身影〉一篇小文章，提到有位在清康熙年間追隨傳教士到法國的黃嘉略（一六七九－一七一六年），他是將中國古典小說《玉嬌梨》譯成法文的第一人。我沒有看過中文原著的《玉嬌梨》，不知其內容為何？常把此事掛在心裡。不意此次卻在重南門市踏上電扶梯時，猛然瞥見牆壁上有《玉嬌梨》的海報廣告，再翻閱前述《古籍今注新譯叢書／中國古典名著目錄與簡介》，果然有此書，真是大喜過望，趕緊詢問櫃臺服務員並由她帶引，十分開心的買到久違已逾數百年，現由三民精印出版的新書。這未嘗不是筆者愛逛書店，無意間獲得的福報。

沒有劉董振強，便沒有三民書局。「三民」這塊金字招牌，因劉董的苦心和出色經營而名揚四海。劉董自比「書的園丁」，自奉甚儉，不菸不酒，宴客時也僅只小酌而已，他一臉和氣，笑口常開，因為他知道，微笑是廣結善緣最容易的方法。微笑，表示態度謙和，好像把自己縮小到像顆奈米一樣；笑臉迎人，象徵做人成功，做事便輕鬆。他以人性化的現代式管理，來經營書店和出版社。他亦儒亦俠，有豐富的自我內涵，更有開放的心靈和壯闊的視野。他的出版事業雖然遭遇過挫折，有起有落，但他卻是個成功的領導者。全世界的領導者，都在不斷的學習中成長，唯有態度謙和，才能終身學習。劉董隨時隨地、無時無刻不在學習。學習，就是把握有限的自我，開創無限的格局。

劉董尊重大師、大學者、大院士、名教授，但也不忘提攜年輕有潛力的後起之秀。身為出版人，誰不希望本本暢銷、洛陽紙貴？但劉董不一定追逐明星或暢銷作家，他為名氣未顯的年輕作家出書，並不全然考慮銷路問題。因為他深知，考慮市場銷路為名家出書，是錦上添花的事情，而不以市場為導向，為有才氣、有潛力的年輕人出書，是雪中送炭的工作。兩者不能偏廢，並不相悖。

由此以觀，三民不是一座中古封閉式的堡壘，不必添設護城河、吊橋、塔樓、箭垛、環狀城牆等層層防衛機制，以確保堡壘的安全。印象中，三民應該是，也早已是一家五星級的觀光大旅館，歡迎四方遊客的自由進出；也像是一座百花盛開、姹紫嫣紅的大花園；更像是一家融匯中式、西式、港式、粵菜，南北合於一爐的大餐館，不獨沽一味，沒有曲高和寡，屬於大眾化、老少咸宜的消費場所。心目中的三民既是一座展書豐富多元，充滿學術氣息的知識殿堂，又是一座萬人膜拜、香火鼎盛的寺院道觀。做的是有意義、對社會有貢獻、對文化有影響的千秋事業。

三民，歷史悠久，出書逾萬種，締造了中華民國出版史上雖不敢說獨一無二，但肯定是數一數二的一塊金字招牌；三民，尊重作者群，老中青兼容並包，暢銷作家與後起之秀不分彼此，透過《三民書局五十年》、《三民書局六十年》兩書的出版，樹立了出版者、編輯者與作者群良好互動，彼此感念的最佳典範；三民，在劉董有理念和正派經營下，已在中華民國出版史上，寫下一頁燦爛耀眼的篇章。「行者常至，為者常成」，相信後繼者必能以劉董為師，並加發揚光大。

祝福三民，生意興隆，長長久久；

期待三民，百歲千歲，永不熄燈！

劉董事長之三民與戴氏祖孫三代情

戴東雄

今年（二〇二〇年）三月十日，接考試委員周玉山先生之來函，略謂三民書局將請周委員負責主編「劉振強先生與三民書局」專書，並預定於今年十二月問世。本人從二〇〇三年出版之《三民書局五十年》之專書上，獲悉主編的二位大師逯耀東與周玉山先生，竟能號召國內一百二十多位學有專精的作者，為祝賀三民書局創立五十周年的慶典上，沒有排場豪華的儀式，更無佳餚美食的宴會，只有篇篇與三民為伍的精彩寫作，意義實在非凡。在一百二十多篇文章上，從不同的角度，道出與劉振強董事長結為良緣之始末，或寫出受惠於三民的援助，點點滴滴，令人感動。從這些作者筆下的描述，劉董有平易近人、樂善好施之個性及堅忍不拔的奮鬥精神。從文章的字行間，洋溢著劉董為何如此受眾多學者愛戴的緣由。我也能入列為參與寫作的一員，並以〈父子二代情〉為題之短文，不勝榮幸。

本來我對劉董之認識，係透過家父炎輝公之引見，並從三民書局在重慶南路已擁有較大店面的規模開始，但三民前半段劉董吃苦耐勞的奮鬥史，我從未知悉。當時我對劉董的生平僅能說是一知半解，但我拜讀了《三民書局五十年》之末篇，由劉董撰寫的〈書的園丁〉，使本人獲悉「三民」未含有半點政治意味的意識形態，卻是三位初出茅廬的青年，因對文化事業的熱愛，志同道合嘗試的創業而已。又發現劉董的一生為三民文化事業所付出的精力與毅力，無與倫比。這些事跡使我了解篳路藍縷，創業維艱的精髓，也讓我體會到要事業有成，必須腳踏實地，一步一腳印，絕無僥倖之理。從這些人生之哲理，本人獲益良多。

三民書局之出版事業係從法政方面起家，尤其大學用書為然，然後擴張至文學、歷史等其他領域。三民文庫、三民叢刊、滄海叢刊及其他一系列叢書陸續問世，使三民在文化事業之聲譽蒸蒸日上。劉董為三民編纂《大辭典》，更是功夫與毅力雙重的浩大工程，相信在出版事業上，可說空前絕後的創舉，讓臺灣在文化事業的輝煌成就，贏得了全球的讚譽。

本人曾在《三民書局五十年》上，以〈父子二代情〉為題，論述家父如何認識劉董而成為莫逆之交，及家父之《中國法制史》專書，如何受三民書局的大力協助而得以問世。又本人在德國完成博士學位後，在臺灣大學法律學系任教之初，於授課之餘，先後在各法學雜誌與期刊發表法學論著十七篇，當時在苦思是否出版及如何出版之際，劉董洞悉本人之猶豫，及時伸出援手，讓三民書局關係企業之東大圖書公司負責出版，令本人喜出望外。該法學論著，以《親屬法論文集》為名，於一九八八年問世。此書為本人生平第一本出版之法律學術著作，對日後在學術界的發展，是極為重要的開端，而劉董能如此提攜後進不遺餘力之精神，令我至今仍感恩不已。

劉董為推廣法政之教育水準，致力於出版大學參考用教材。大學用書告一段落後，劉董深覺臺灣於解嚴後要落實自由民主之制度，應加強法治教育，向下紮根。為此，劉董及時規劃一系列法學啟蒙叢書，期待以深入淺出的用語，介紹民法領域中之基本概念，使法學知識普及於一般民眾。現今臺灣憲政體制如此扎實穩固，法治精神如此深植民心，劉董與三民的推廣法學教育的努力，實功不可沒。

本人曾受邀撰寫《民法系列——繼承》專書。民法分為五編，繼承編為最後一編，主要訴求為財產應如何繼承。俗語說得好：「有生者，必有死」，又「生不帶來，死不帶去」。國家為處置因人民死亡而遺留下之財產，特以民法第五編規定應如何繼承。該書於二〇〇六年問世，因封面設計新穎，印刷精良，內容充實，讀者熱烈回響，本人極為欣慰。

小女瑀如於臺灣大學法律系畢業後，步本人之後塵，在德國念完法學博士。她回國後，先在銘傳大學，後轉國立臺北大學，二〇一九年又轉國立政治大學法律學系，以教授職位，主授親屬法與繼承法之課程。在小女尚未出道前，本人之同事與親友喜歡以匿名稱家父為「大戴」，本人為「小戴」，以示區別。現小女也在大學拾起教鞭，同樣皆為教授。為此，法界同事將本人晉升一級，家父為「大戴」，本人改稱「中戴」，小女補進為「小戴」。

二〇〇六年發行「民法系列」之叢書，受到學者的肯定，讀者的歡迎，更對法治教育的推廣有極大的幫助。劉董受到出版「民法系列」叢書成就的鼓舞，再接再厲，未能鬆懈下來。二〇〇九年劉董又邀本人撰寫《民法系列——婚姻法與夫妻財產制》專書，因小女已衣缽本人身分法的專業，尤其我國民法主要繼受德、瑞國家的法制。德、瑞立法例力求男女平等的原則，而最呈現男女平等關係者，莫過於婚姻與夫妻財產制，故近年來該兩國有關婚姻與夫妻財產制屢屢有修正。小女在德國留學期間，曾就近經歷德、瑞立例，就夫妻財產制修法之來龍去脈。是以，該書之寫作本人徵得劉董之同意，有由小女瑀如執筆，本人潤飾之分工，戴氏第三代因而對三民書局也有機會盡棉薄之力。

二〇〇九年一月中戴與小戴合著的專書《民法系列——婚姻法與夫妻財產制》問世。本書以婚姻為主題，分為兩部分。第一編為結婚與離婚，說明身分關係如何建立與解消，及其所產生之效力問題。第二編為夫妻財產制，此部分對一般民眾來說，因傳統社會並無此種制度，較為陌生。此編在說明一男一女結婚後，創設了夫妻身分。夫妻財產制正是在規範夫妻婚姻生活期間，彼此間之財產關係及對外第三人就債權、債務如何解決之問題。

劉振強先生不幸於二〇一七年一月二十三日與世長辭，士林同聲哀悼。三民書局之文化事業，由其公子劉仲傑先生，克紹箕裘，順理成章，接任總經理職位，為三民之文化事業的發展更上一層樓。本人深信劉振強先生一定期待其公子，對三民的未來，能青出於藍而勝於藍。本人由衷祝福三民勇往向前，繼續領導臺灣的文化事業，發揚光大。

擎天一柱遠，片語共誰論？

齊益壽

世界仍在忙碌而緊張中動盪，不知不覺三民書局董事長劉振強先生離開我們已逾三年矣！想起七年前在復興北路三民書局頂樓上，賀客雲集，摩肩擦背，歡慶三民書局成立六十周年，那時候劉先生仍然步履輕捷，精神抖擻，滿面春風。誰能料到四年之後，他竟撒手人寰！然而他的身影雖已杳然遠去，他所留下的忠以任事、厚以待人的風範，依然活在人們心中。

六十年前，我因買書而與三民書局結緣。三十幾年前，則因編纂《大辭典》而與劉先生相熟。以後，又受邀校閱《新譯陶淵明集》這本書。記得當年校閱完後，心中並無完成任務後的愉快感，亦無乍釋重負後的輕鬆感，反而有一縷遊絲似的忐忑不安，懸在心中，卻不知是何原因，以致日後便婉辭此類校閱之邀約。今值劉先生逝世三周年，應邀撰文紀念，不免躊躇，因為不想重複那篇〈古風與今範〉（見《三民書局六十年》說過的話，又擠不出新話題，不得已只有將當年不知其所以然的一縷不安探個究竟，並因之而略提些許不足道的建議。

當年是「眾裡尋他千百度」，了無覓處；如今「驀然回首」，終於見到「那人卻在燈火闌珊處」。在一幕幕回顧反思的情景中，當年指導博碩生論文的情景出現了，審查單篇學術論文的情景出現了。將這兩種情景與校閱詩文集的情景相對照，造成忐忑不安的癥結，便漸漸浮現，那應當是由於校閱者與注譯者之間全無互動交流所致。對於博碩士論文稿中的問題或疏誤，師生經常當面討論，互動頻繁。對於單篇學術論文的審查，雖在雙方匿名之下進行，但審查者的意見會傳寄給論文的作者參考，論文的作者亦可就審查意見加以回應，雙方仍有交流。唯獨詩文集注譯的校閱，卻是由校閱者逕自在注譯原稿上予以修改潤色後，便付印出版，若注譯者有必要回應，或校閱者有百密一疏之處，均無暇顧及矣，焉能不留下遺憾？因此我建議三民書局編輯部能否考慮將校閱後的清樣傳寄與注譯者，待其有了回應後，校閱者再作定奪。如此既表示對注譯者的尊重，又可令校閱者減少不安之感。不知此法可否作一試驗，待觀察其實踐的效果後再作決定。

此外，在解詩的體例方面，似亦有可以更加完善的空間。以《新譯陶淵明集》為例，該書在詩的部分，各首解詩的體例是在原詩外，由題解、注釋、語譯、賞析四部分組成。在文的部分，各篇的體例是在原文（加以分章）外，由題解、章旨、注釋、語譯四部分構成。我以為無論是詩或文，似都可增添「評解」一項，置於體例之末，並將詩之「賞析」、文之「章旨」兩項省去，而併入末項「評解」之中，使詩與文的體例，均由題解、注釋、語譯、評解四項構成。若將原文原詩也計入，則為五項。

「評解」一項，乃取法於已故糜文開、裴普賢兩位前輩所著《詩經欣賞與研究》第三輯中的體例。四十年前奉兩位前輩之命，為該輯作跋，即對其解詩體例中設此一項而讚賞不已。因為中國歷史悠久，有關各種古籍名著的箋注、評賞、考證、版本等等的著作，洋洋大觀，各已形成了一種接受史。「評解」之設，正是要以接受史的視野，對各種歧說異見，綜觀博覽，然後就其所取捨裁奪，作出精要的說明，而成為題解、注釋、語譯這三項內容的有力支撐，增益其可信度或說服力，也使今注今譯這一類的著作，融入了學術的厚度。

「評解」之外，糜著是將原詩與今譯編排成上下兩欄，相互對照，如此當較分立為前後項的編排更為可取。今以陶淵明〈擬古十二首〉其三、其七兩者為例，將原詩與語譯編排成上下兩欄如下：

〈擬古〉其三

仲春遘時雨，
始雷發東隅。
眾蟄各潛駭，
草木縱橫舒。
翩翩新來燕，
雙雙入我廬。
先巢故尚在，
相將還舊居。
自從分別來，
門庭日荒蕪。
我心固匪石，
君情定何如？

語譯

二月裡頭一聲春雷響起，
驚動了地下蟄蟲的冬眠。
春雨絲絲，草木冒芽抽葉，蓋地鋪天。
遠方飛來雙燕，儷影翩翩，
在舊巢的屋下盤旋。

自從去年別後，
院裡門外，荒草蔓延。
我心不是轉石，它不移不遷。
不知你們是否同我一樣，也懷念從前？
（下平聲一先韻）

〈擬古〉其七

日暮天無雲，
春風扇微和。
佳人美清夜，
達曙酣且歌。
歌竟長歎息，
持此感人多。
皎皎雲間月，
灼灼葉中華。
豈無一時好？
不久當如何！

語譯

紅日西下，湛藍的天空，不見白雲一枚。
和柔的春風，微微吹進心懷。
有位佳人，酣歌達旦，在此美麗的春夜樓台。
歌畢忽發一聲長嘆，
使我為之彳亍徘徊。
皎潔的青天明月，燦爛的葉中花影，我願終生相陪。
可惜你們都不經久，
教我能不悲從中來！

(下平聲七虞韻)

如此上下兩欄互相對照，讀者既可完整地誦讀語譯，又可將語譯與原詩逐聯逐句比對，效果自較分立為前後兩項而不便比對為佳。然而將整齊的、節奏顯著的古典詩歌加以語譯之後，不但句子長短不齊了，節奏不顯了，又往往得增添句數或變動句次，方足達意，使結構未能緊湊，張力為之減弱。如此不僅有如嚼飯與人，大失滋味，而且有如向空揮拳，白費力氣。將原詩予以今譯，誠然有諸多不得已之處，我們對於今譯自不應吹毛求疵，求全責備。今譯無論在形式結構或節奏張力上，與原詩不得不有些殊異，如此我們對原詩與語譯之間所呈現的外在風貌之差別，當能加以體諒。然而同一美人，雖因身上的服飾、髮型、面粧等等的變化，而呈現不同的風姿綽約之美，但不變的是其眼神和氣韻。語譯的最高境界，或許就在於能把握住原詩的「眼神」和「氣韻」吧？至於在「服飾」、「髮型」以及「面粧」等等的變化，不妨加以寬容。

以上這些卑之無甚高論的建議，我是多麼想能向劉先生當面請教啊！然而這已永無可能了！想到他在〈刊印古籍今注新譯叢書緣起〉中語重心長的話：「當歷史發展又走到『偏執一端』的時候，要懂得返本溯源，才能『清醒正對當世的苦厄』。為了使一般讀者知所返本溯源，所以他毅然決然，將經、史、子、集四部中的名著要典，一本又一本注譯出來，如今這套叢書已出版兩百多種，仍然方興未艾。他的苦心孤詣，是要讓中華的優秀文化，融入到「世界文化的未來匯流」之中。此一宏偉的志業，令我感動之餘，不覺冒出一首五言絕句，聊表對他的感激與懷念：

絃斷聲猶在，形消志業存。
擎天一柱遠，片語共誰論？

永懷劉振強先生

賴明德

我有幸結識劉振強先生，是於民國六十四年在臺灣師大國文系擔任副教授時，由邱燮友教授推薦我，利用課餘時間到三民書局參與《大辭典》的編纂開始。第一次見到劉先生時，覺得他身體健壯，目光炯炯有神，說話聲音非常洪亮。但是待人的態度卻溫良謙遜，平易近人，兼而有之。在交談中，他認為當時在經濟成就上號稱「亞洲四小龍」之首的臺灣，需要有一部廣蒐人文、社會、自然、科技、經濟、法政、教育、藝術等各領域知識，近似百科全書式的中文大辭典，才足以提供國家建設發展的需求。以出版事業的立場而言，這一個工作他責無旁貸。於是廣聘一群各知識領域的專家學者，開始進行《大辭典》的編纂。專家們在窗明几淨，參考資料豐富齊全的寬敞編輯室裡，各就專業集思廣益，進行對每個字的形、音、義和每一詞條的意涵、出處、典故等，做取材、查證、考訂、撰寫等工作。過程中遇有疑難時，則彼此就自己所知，充分討論，互相幫助，終能將難題加以徹底解決。因此編纂團隊不但成了知識互補的好友，也成了人格相互薰陶的同仁。

記得有一次劉先生和一部分編纂同仁在聚餐時，談起民國三十八年他隻身從大陸到臺灣來，當時還是一個十七歲出頭的年輕小伙子，因一時找不到工作謀生，生活頓時陷入困境。不久幸好遇到一位充滿愛心的阿嬤收留他，供給他食宿，暫時解除他生活上的燃眉之急。後來由於他不斷的努力工作，事業有成，他也一直奉養這一位阿嬤，讓她有一個安逸舒適的晚年。當阿嬤往生時，他也為阿嬤辦理了周全完備的後事。古人說受人滴水之恩，當湧泉以報，我想劉先生這種充滿感恩的心和回報之情，正是他立身處世，待人接物，開創事業獲得卓越成就的因素之一。

又有一次在工作之餘和劉先生閒聊時，他提到從早年在經營書局業務時，每天清晨起床後，他都要從重慶南路的書局原址，跑步到中山北路一段傳統菜市場，再循原路跑回書局，以此鍛鍊身體，風雨無阻，數十年如一日。我想這證明他不但意志堅定，做事有恆心，而且具有過人的睿智，能深刻領悟到有健壯的身體才能建立宏偉的事業。

劉先生秉性簡樸，除了和書局業務有關的應酬之外，幾乎沒有任何的娛樂和嗜好。日常大多和書局的員工同仁一起用餐，衣著也樸實無華，雖每天工作忙碌，早晚奔波，卻連一部轎車也捨不得購置，短的行程，總是徒步來回，大臺北地區範圍內較遠的行程則以小黃代步。這種勤勞節儉的美德，也是他一生成就龐大事業的因素。

就我個人的體驗，劉先生對待編纂《大辭典》的專家們或撰寫專書的作者，都充分的信任和授權，態度也非常尊重和禮遇。對書局裡的同仁也像對家人一般的關懷備至，同仁遇有困難時，他必大力幫忙協助解決。

記得有一天中午，我從書局編輯部出來，在書局門口遇到他，見他行色匆匆的從外面回來，我問他為何如此匆忙？他說為了支應編纂《大辭典》的經費，準備以書局的房地產權狀向銀行申請貸款，正為接洽此事而忙碌。為了出版《大辭典》，他竟為經費耗掉這麼大的心力，真是令人萬分欽佩。

三民書局在慶祝成立五十周年和六十周年時，除了舉行慶典，並出版有彙集專家、作者們及學人們撰寫感想，發抒心得，表達期許等文章的慶祝文集。我在慶祝六十年的文集中撰有一篇短文，其中建議《大辭典》的出版已歷了四分之一個世紀，而全球事物的演進瞬息萬變，資訊發展日新月異，《大辭典》的內容實有再加以進行修訂增補的工作，才能順應時代的需求。劉先生看了文章以後，告訴我他早有此意，且已著手在處理，我聽了以後感到很高興，也很敬佩。他這種高瞻遠矚，與時俱進的博大襟懷，實在少人能及。果然民國一〇六年十月增補完成的《大辭典》，以博大碩實的型態昂然問世，由原來的三巨冊增編為四巨冊，也由原來的六千一百九十頁增至八千兩百九十頁，增補了三十多年來許多新增的字、詞和材料，共收錄單字五萬三千多個，詞條近十四萬筆，內容充實完備，充分切合時代和社會的需求。這總算達成劉先生畢生的心願，遺憾的是他卻在這一年的元月分走完了他的人生旅程。斯人已逝，獨留發行的鴻編鉅構滿人間。

我此生有幸得結識劉先生幾達半個世紀之久，參與三民書局的編纂工作也是幾近三十年。直到民國八十年代我以教授兼臺師大文學院院長、副校長，後又借調為國立僑生大學先修班班主任（校長），因為工作繁忙，不得已才依依不捨的離開三民書局這一個承先啟後，立言傳世的菁英團隊。其後我的教學和行政工作期滿，轉任中原大學應用華語文學系客座教授，因應開設課程的需要，和幾位校內外的教授合編了一本《華語文教學導論》，也是由三民書局出版。至今十多年來，它已經成為臺灣各大學華語文教學系，或大學部華語文教育學程最常選用的教科書之一，民國一〇九年經過修訂再版後，增加不少新的教學理論和實踐方法，內容更為充實和完整，暢銷不減，對擦亮「三民書局」這一塊金字招牌總算盡了一點棉薄之力。

當今由於資訊網路發達，電子書刊充斥，傳統紙本書籍飽受衝擊，出版社一家一家關閉，然而巍然屹立在臺北重慶南路和復興北路的三民書局卻依然「盤基鞏固」，像兩座巨大的文化燈塔，綻放出絢麗的光輝，新書源源不絕的出版，這都是劉先生畢生辛勞奮鬥所奠定的基礎使然啊！故每逢我路過它們時，總會順道進去瀏覽一番，看看書局又有多少新的出版品問世，對我們的社會又增添了多少學術文化的源頭活水。雖然負責門市的服務員大多換了年輕的新面孔，但是整個書局的氛圍還是讓我感到非常壯觀、親切。當劉先生在世時，我因不便常打擾他，有時在書局的櫃臺前問服務員：「劉先生近況可好？」答案若是「精神不錯，雄心依舊」，此時我的心情便感到很寬慰舒暢；答案若是「年事漸高，不久前才住院手術」，我的心情便感到異常的憂慮沉重，只有默默地祝他早日康復。民國一〇六年一月二十三日，農曆除夕的前四天凌晨，劉先生悄悄的走了，如同他一生為人的謙卑和簡樸，他遺囑「不辦公祭與追悼會」，終身所展現的是煥發文化光輝，經典圖書滿載，揮一揮衣袖，不帶走一片雲彩。

雖然人活在世上不過短短幾十年的光陰而已，然而有的人卻能將其生命中的善與美揮灑的淋漓盡致，散發出大量的光與熱，將自己秉賦的性與情無私的奉獻給社會人群，以小我服務大我。就像劉先生將他一生的心血完全投注在中華民國宏偉的出版事業裡，而他個人的生命也已經融入了中華文化永垂不朽的精神中了。

逝者如斯

何秀煌

從歷史的煙霧越湧越濃的一個甲子之前開始，我認識這位永遠的劉振強先生。聚焦起來，不同時期的劉氏的「二、三事」，不斷湧現到記憶的心湖裡。

遙遠的一九五七年，我從鄉下小鎮入讀臺灣大學。為了購買大學用書，常要逛走衡陽路，印象中有家「三民書局」。不過那時並不確知「三民」的涵義，也未料其中的一「民」，竟是愈來愈知名，如今成了永遠的劉振強先生。

由於不善交友，友朋都出於像「同窗」這樣的自然認識，劉振強先生是個例外。

我就讀大學，教授的講課方式依然傳統而守舊：抄黑板，發講義，以及天馬行空的題外話。偶而設有參考書，也多為「翻印」的舊作陳篇，包括身陷中國大陸未及逃難來臺的學者的舊書。那時三民書局已經搬往重慶南路的書店街，正式開始劉先生的創業理想。

時光飛逝，酸甜苦辣；書局的經營愈來愈上軌道，在書店街早成後起之秀。那時的「三」民顯然變成「一」民獨大，管控全局。可是劉先生並不志得意滿，坐享其成。他仍然凡事親力親為、兢兢業業。他親自遠奔中南部，推銷教科書，拜訪學校當局。記得有一次，我去書店看他，走過樓上一個房間，驚見滿桌的香菇。原來商人無德，香菇禮盒的下層全是又歪又小的充數。劉先生想要送人高貴的禮物，只好費心改裝，內外體面。那麼那些醜小的淘汰物怎麼辦？那時書局的員工是一起畫食的，含有香菇的菜肴也不是人人吃得到的啊！這是劉先生全盤規劃，一氣呵成的一例。這還不算，最令人難忘的是，他不以區區書商為志。他總是將自己的作為，看作是品德教育和人格養成的一部分。他在與員工聚餐時，總是不忘述說人間的楷模，藉以提醒他們修身的重要。記得他告訴我，有一次一個學生偷書，劉氏扣留他的學生證，要求其母來見。劉氏還避見其母二、三次，令她深諳其子的行為帶來的麻煩，這比學校的訓導處更加深入而周到。

不過劉先生並非刻薄待人的人。他資助員工自由到國外旅行，「為所欲為」，回來不必寫報告交代。另外，他每為救急而解囊，卻不斤斤計較回收和回報。有時我在想，劉氏的公司一定有不少濟人的「壞帳」。他寬恕待人，卻嚴格律己。他出差為公，不但不會花天酒地，所住的不是星級酒店，而是招待所式的平屋。在臺灣如此，到香港也是。

劉先生的細心求知，也是我所欣賞的。有一次他到香港。一大早，跑到天星碼頭外面的報攤左近，拿出紙筆，一筆一筆記下路過的人所購買的報紙。一兩個鐘頭下來，他把握了香港各大報的銷售實況，不必等待官方所公布的「政治數字」。

我沒有靠近劉氏，已經獲悉一大簍足以稱道傳頌的事跡，那些在他身邊工作的、那些聽他諄諄誘導的，不知有多少可供寫上史冊的美篇和佳話。

儘管我在國外求學的時期，已經寄稿三民書局，供其出版。那是一九六〇年代的事。後來我的學位論文，也交由三民以英文印行。可是這些已經褪色的記憶中，並沒有多少和劉先生交往的鮮明印記。真正和劉先生魚雁往返和見面交流，起於我在國外教了幾年書，轉來香港任教開始。

那時，中華民國已經失去聯合國的席次，雖然政府打出「處變不驚」的旗號，不過社會人心的動盪，仍然可想而知。劉先生經歷過戰亂，隻身到臺，艱苦奮鬥，事業有成。他除了讓妻兒子女到外國留學和長住外，自己從來沒有想要將資產外移。記得有一次在香港見面，他就毫不含糊地對我表明，倘若國家不存，他的書局也不要了。因此，當香港的書商慫恿他到香港開創分店時，他不加迴避地支付了「開辦費」。此事只聞樓梯響，三民書局大概又增多一筆壞帳。

真正和劉先生建立私人往來的，是由政治局勢所牽成。那時臺灣和香港之間，關係疏遠。臺灣居民來港需由香港住民提出人身保證。我當然義不容辭。這樣開始往來函信和聚會見面。

有一次，劉先生帶領尚未出國留學的女兒來港。我做了簡單的三明治，車送他們到邊境的小村落馬洲。我們坐在丘陵樹間的山崗上，遙望一水之隔的中國農村。劉先生眼見故土，觸景生情。但見白鷺在兩地自由飛翔，人間反而相隔如牆。那一次的風雅野餐，也給我一個深刻的印象，劉先生在子女面前坦誠真摯，是位裡外合一的長輩。

劉先生的純真自然也廣被學者和作家。他有一次在理髮廳閒翻報紙，看到我發表的「人生小語」，立即邀我收集成輯交他出版。隨後的二十年，《人生小語》十輯全由他接稿。

最難忘的一次投稿事件發生在數年前。我的舊同事在太平洋彼岸去世。為了紀念他，我清理了三十年來的通訊和其他文字，集成一大冊的《月落人天涯》，寄交三民。劉先生一個月內成書，令我心生感激。

劉先生對於辛勞創立的書局之維護，無微不至。小自嚴辦學生偷書，大至有人見他事業有成，要來分羹。劉先生不但據理力爭，甚至不惜口出重言。記得為了慶賀三民書局六十年之大慶，我寫了超長篇的文字，其中拿日本岩波書店的《廣辭苑》和三民書局的《大辭典》相比，指出後者的幾本辭典仍然存有落後的「九大行星」詞條。劉先生知道了，給我越洋電話。我深明他的苦心，請編輯部自己選取喜愛的段落登出。比起劉先生一個甲子的豐碩功績，我的一篇文章能算什麼！

最令我遺憾的是，劉先生始終沒有執筆寫成他的自傳。我不知向他建議多少年，進言多少次，如今隨著他的離去，萬事已成絕響。

不同的時期，劉先生留下了感人心腑的二、三事。每一回憶，總見到這一位永遠的劉振強先生。未嘗往也，未嘗往也；逝者如斯，逝者如斯。

永遠懷念劉董事長

朱石炎

三民書局創立五十年、六十年時，於民國九十二年、一〇二年兩度出版紀念文集，我曾經撰寫短文致賀。今（一〇九）年三月中旬，再蒙周玉山主編來函邀稿，囑咐以主述寫書經過及感想為內容，提供約二千字短文，編入《劉振強先生與三民書局》一書，表達懷念之意。

劉董事長振強先生，在前述兩冊紀念文集裡，對於三民書局數十年來，歷經創立、成長、茁壯、發展各個階段艱辛過程，有極其詳盡的說明。書局工作人員對於劉先生同甘共苦、厚待同仁、奉獻文化事業的堅韌精神，也有十分深入的描述。三年前，劉先生病逝，士林同哀。

書局創立初期，以出版法政領域大學用書為主。在法律工具書方面，其收錄法令之充實與條文內容之正確，實非三民版《六法全書》莫屬。早年曾有新陸書局（早已關閉）出版的《六法全書》，竟將尚未完成立法程序的妨害國幣懲治條例修正草案內容，編入該條例的條文。這種嚴重錯誤，害得法官也上了當。最高法院為此特地作成四五台上四三八號及四六台上一六〇八號兩則判例，指摘高等法院判決誤引法條違背法令（判例只提到坊間書本有誤並未指明書局名稱）。我進入司法機關服務，最初任職基隆地方法院候補推事（法官舊稱），後來奉調臺北擔任檢察官，機關地址是重慶南路一段一二四號。公家並不提供辦案用書，於是前往三民書局買了一本藍白封面的《六法全書》，其版權頁刊載書局地址是重慶南路一段七十七號，價目是普及本貳拾肆元。此書雖已破舊，可供查閱舊時法令之用，至今仍未丟棄。去買書，是不會認得書局老闆的。相隔二十餘年，在我任職法務部司法官訓練所（已於一〇二年七月改稱司法官學院）所長時期，大學同窗柯芳枝女士已於臺大執教多年，所著《公司法論》一書，是由三民出版，劉先生因偶然機會，自柯女士處得知我在臺大兼課，講授刑事法，遂鼓勵撰寫大學用書，方能有緣相識。

拙著《刑事訴訟法論》一書，今年印行修訂九版。此書於八十九年九月，先行出版上冊。自九十六年九月開始，因修法頻繁而歷經多次修訂，迄今已屆二十年。其間最大羈絆，是法制作業繁複與立法部門怠惰所產生的困擾，難以掌握著書進度。劉先生對我從未責怪或催促，長者寬容，實為無形的鼓勵。從修訂八版到修訂九版之間，刑事訴訟法增訂了第一（總則）編第八章之一「限制出境出海」，以及第七編之三「被害人訴訟參與」，並且引進「修復式司法」的運用，其餘各章節相關條文，也有甚多修正。尤其法院組織法第五十七條之一的增訂，與司法院釋字七七一號解釋的公布，對於已往判解如何應用，產生重大影響。書裡引述最高法院遷臺前，若干已無裁判全文可資查考的舊判例，因為依法停止適用而必須刪除。恰逢拙著出版滿二十年，趁此機會作了通盤核閱修改，以期適時更新。

刑事訴訟上訴審結構的改造，司法院早在八十四年已故施前院長啟揚先生任內，即經研議確認第二審以事後審為原則、第三審為嚴格法律審的修法目標，並曾提出草案，惜遭法外因素杯葛，未竟其功，二十餘年來毫無進展。司法院於一〇七年六月，按照所謂司法改革國是會議的意見，確立第二審改採事後審兼續審制、第三審改為嚴格法律審兼採許可上訴制的立法原則，研提刑事訴訟法部分條文修正草案，致函行政院會銜進行立法程序，依舊延宕，仍無下文。我用草案內容作基礎所撰拙著修訂初稿，究竟何時派上用場，完全無法預測。

三民書局於七十四年八月出版的《大辭典》，是一部中型百科辭書，可謂具有百科全書型式的中文大辭典，榮獲行政院新聞局（已改制）七十五年度綜合類優良圖書金鼎獎，堪稱鎮局之寶。劉先生所撰〈回首來時一甲子〉專文中，詳細敘述歷時長達十四年的編印過程，為此廣邀學者專家參與其事，且因當年尚無電腦排版系統，特地自行創鑄各種字體鉛字備用，總共投入經費新臺幣一億六千餘萬元之鉅。劉先生寫道：「幾乎花光了三民的所有經費，可說是到了一無所有的地步，三民的營運也不得不放緩了許久。多年之後，才又重新恢復元氣。」(見本書第二二八—二二九頁）上述浩大出版工程，若非劉先生高瞻遠矚擔當重任，絕無如此優異成果。《大辭典》印行三十餘年後，新知日新月異，各個領域都有重大變化，劉先生決意重行修訂。一部全新的修訂版本，終於在二〇〇六年十月正式發行。此一增訂版《大辭典》所收錄的字數與詞彙，均較初版大幅增加。其中關於刑事訴訟法類目的詞條，由我負責整理。我收到編輯部提供初版原列詞條檔案資料後，逐一進行檢核，認為不合時宜者予以刪除，內容需斟酌者予以補充，法條已修正者予以增列。有幸參加此項編纂工作，與有榮焉。有劉先生的不惜投入大量人力物力以及鉅額經費，方能使《大辭典》得以歷久彌新。某次餐敘場合，在賓客尚未到齊前閒談時，我覺得運用諸如谷歌(Google)、百度(Baidu)等系統搜尋各類詞彙，現已十分便捷，曾經委婉建言，需否評估增訂版的成本效益，或者考慮採取電子版便於修編增刪。劉先生當即表示，姑且不論甚多年長者未必熟諳使用電腦，此書其實擔負文化傳承的歷史使命，應當不計成本，必須完成任務。聽聞此言，頓時自省短視冒昧。

三民書局創立迄今已逾一甲子，昔日重慶南路一段若干知名書店，例如：商務印書館、正中書局、中華書局、東方出版社等，今又安在？唯有三民，除了重南店，更有復北店總部。從當初篳路藍縷，到如今宏大規模，全是劉先生領導有成、犧牲奉獻所獲的珍貴資產，令人無比敬仰、永遠懷念。深信三民優秀團隊，在現有堅實基礎上，必能持續成長茁壯，業務日益繁榮昌盛。

聯想到文化勳章

楊維哲

接到三民書局來的電話，告知這個令人感傷的消息時，我正在向一個高二生解釋微分學的一題。我很快地從一瞬間的愕然回復過來，繼續講解。等到我講解完了坐下來，腦中湧進很多思緒。

本來兩個禮拜以前，因著兩三件事，恰好聯想到劉先生。一是聽到小女與媽媽談到三月裡她們的戲。「好像票已經沒有剩下的了。」幾年以前，我有過一次把小女演出的戲票送給劉先生，他看（聽）了戲之後，第二天特地打電話給我，恭喜讚賞了一番，最後他說：「以後令千金有演出，務必 e-mail 通知我，我會交代他們買票，但是我拒絕被送票。」是的！我們的態度完全一致：我們尊重文化！我們要欣賞任何文化活動，買票是第一步的支持。在那次電話之後，我切實地交代小女：以後有演出，一定要 e-mail 通知三民書局董事長室。這樣我已經為小女得到一張（也許好幾張）鐵票了！

再一件事是涉及我在三民出的那本《化學英文入門》。那本書是在三民書局的一甲子慶之後一年才出來，但是在我寫賀文之前幾天，王韻芬祕書已經特地電話告訴我好消息：經過兩年的波折，三民已經跟《分子的建構》原書的版權所有者談妥，取得圖文的授權了。劉先生交代：一定印得漂漂亮亮，合你的意。

那通電話，是我今生最快樂聽到的電話之一。劉先生聽我說起「這本書的源起在一九七九年，是為了兒子用心編寫的，我特別珍愛」，他願意在搜尋失敗一次（兩年前）之後，再一次嘗試，幫我（不能說是頂熟悉交好的朋友）達成願望，我永遠感激！

為什麼又說是「聯想起」劉先生呢？這是因為就是一年前，我把欣榮數學競賽拓殖到宜蘭去。宜蘭是窮縣，不論做什麼事，參與者都是做義工，連獎品我也想幫忙張羅一些。（週六）競賽完了第二天（週日），我還要做一天上下午的演講。我在週四臨時起意，打了電話跟劉先生說：「想跟你揩油！這一本《化學英文入門：分子的建構》，給我二十本吧！我要拿去宜蘭當作競賽以及聽講的獎品。」結果，傍晚時，二十本書已經送到我家了。

於是，晚上臨睡前，我就在每一本的扉頁寫下：「這本書是三民書局劉振強先生的惠贈，希望你認真閱讀，用心思考！」劉先生！這些孩子沒有福氣見到你，但是有福氣收到你的禮物！他們將來一定會到三民書局的。我希望書局的某處會有你的相片或者肖像畫，讓他們會看到，他們一定馬上憶起這名字。

腦中回想起有關於劉先生的點點滴滴。啊，是摯友林正弘教授的介紹我才認識劉先生的。有一次與正弘聊天，我提到：「愛因斯坦在一九〇五年發表了三篇論文，後來的物理學界是說：這三篇論文談的是三個完全不同的論題，每篇文章都有資格得到諾貝爾獎。我想請教你這位科學的哲學的研究者，如何判析學者的名望地位與實質功績。」正弘說：「行家評判，有時可以採用一種『判準』：如果沒有他的這一樣貢獻，對這一門科學的進步，減了多少？」我恍然大悟。

我的聯想又回到劉先生來了。啊！我知道我該怎麼說了。劉先生的道德人格，識者景仰！他的慷慨義行，受者感激！但是我現在在想的是：如果沒有劉振強先生與三民書局，臺灣的出版界（學術界，或者說文化界）會是怎樣的局面呢？其他出版界的朋友我認識的不多，大概就算三個吧。楊榮川先生創辦五南，非常成功，他是非常尊崇劉先生的，「五南要以三民為楷模」，也許這就是成功的理由。前衛的林文欽先生，劉先生告訴我，「林文欽他創業之前，第一個也是唯一一個工作就是在我們這裡。我判斷他是很有為獨立的青年，值得栽培，但他很快就出去自己創業奮鬥了。」我（比較特異）的解釋是：這是另類的受到感召！文欽是認為：「獨立於中原文化的臺灣文化更需要維護與發揚，舍我其誰！」另一個同屬異類的出版業者是敦理出版社的楊青矗先生。他除了自己的作品之外，還出版了《台詩三百首》等等附臺語發音CD的書，但是最重要的出版品當然是他所編的《國台雙語辭典》。我以為這也是受到感召❶！兩部辭典編輯工作的對比是太悲壯了：不論是人力或財力，都是以千比一。

日本是世界上數一數二的文化大國，從一九三七年開始就有文化勳章。戰前頒發了四次，我認得名字的是：第一屆一九三七年（共九人）的原子物理學家長岡半太郎，及磁性論大宗師本多光太郎；第二屆一九四〇年（共四人）的數學家高木貞治，及哲學家西田幾多郎；第三屆一九四三年（共七人）的湯川秀樹，名作家德富蘇峰；第四屆一九四四年（共六人）的漢學家狩野直喜。從第六屆一九四八年起就改為每年頒發了（通常是六人）。第十屆一九五二年有七人，我認得四人：西畫家梅原龍三郎、安井曾太郎，日本作家永井荷風，以及量子電動力學的開創者朝永振一郎。我這樣囉嗦，就是要說清楚：他們這個文化勳章是真的能表彰文化❷！

最有意義的是第五屆，也就是戰後重新開始的一九四六年，有六人獲勳，其中有

❶《大辭典》從一九七一到一九八五花了十四年工夫。楊青矗從一九八六年開始工作，一九九二年出版。

❷這兒的勳章不是錦上添花：湯川得到諾貝爾桂冠是在獲勳章六年後的一九四九年，朝永則是獲勳章十三年後的一九六五年。

仁科芳雄（湯川和朝永的老師）及岩波茂雄。岩波不是詩人，不是物理學家、化學家、數學家，不是法學家，不是藝術家、大文豪，但是日本人全國感謝岩波創辦的書局，大大地推進了日本的文化！在一九六五年，諸橋轍次也獲勳，因為日本人全國感謝他編著了《大漢和辭典》，大大地推進了日本的文化！

如果我們國家的文化水準比得上東鄰，劉振強先生一定獲頒文化勳章！

正派經營的文化人

趙　琴

聽聞三民書局創辦人劉振強先生，於二〇一七年一月二十三日凌晨辭世，十分震驚！

憶往事，歷歷在目，悼故人，這位正派經營的文化人，備覺思念。

和劉董事長的認識、交往，早自我主持「中廣」《音樂風》節目之初，與韋瀚章、黃友棣、林聲翕三位教授的相識、相熟開始，雖然他並非音樂界人，我可以感覺到他對音樂家的尊重，對音樂的愛好，特別是「崑曲」、「評彈」。近半世紀來，偶而聚會，也總會聽他敘說創業過程的往事與趣味盎然的故事。

從一九五三年三民書局在衡陽路開幕，至今仍是我經常走訪的書店。猶記得二〇〇三年，為了慶祝三民書局創立五十周年，因它伴隨著臺灣走過半世紀、出版了六千多種各類書籍，並為中文書籍的出版史留下重要紀錄，由逯耀東、周玉山兩位先生主編，特邀與三民書局有長久情誼的學人作家撰文，編成《三民書局五十年》慶祝文集一書。我亦應邀撰文，並親臨當年七月十日感人的紀念盛會。

劉振強先生始終堅持著「書店能做到像圖書館一樣，力求書種齊全」理念。一九七一年起，他耗費十四年編纂出版中文《大辭典》；一九八六年，則開始「漢字字型檔」數位化系統工程，延聘專人撰寫「能體現漢字美感」的字體，二〇〇三年，由明體、黑體、楷體、長仿宋、方仿宋、小篆六套字體組成的漢字字型檔初步完成。當古籍出版在臺灣已趨沒落，「三民」卻將《後漢書》、《三國志》這些並非熱門典籍的今注今譯都完成了，同時不計成本的附上全部注音。

為「知識普及化，學術思想通俗化」，三民書局關係企業東大圖書公司於一九七五年成立，主要出版哲學、人文、藝術等書籍，其中「滄海叢刊」收入了我的三本小書《音樂與我》、《音樂隨筆》、《音樂伴我遊》，算是記錄了當年音樂領域的發展歷程，與文化變遷的點點滴滴。

誠如訃聞上所云：「先父素喜儉樸，不好張揚，深知天命有數，視若浮雲，不以介懷。」在我們音樂界朋友的心目中，他是一位德高望重、備受人們尊重的好朋友！他以真誠的心、聰明的才智和堅韌的毅力，投身於出版事業，在崗位上鞠躬盡瘁的敬業精神，嚴於律己的無私奉獻精神，創下了值得稱頌的成就！

如今，斯人已去，典範長存，哀思無限！
我因車禍，不良於行，尚在復健中，無法親至靈堂致意，甚憾！
特此向劉先生家人致意，並致歉！
願振強先生安息！

儒商之間角色的典範

蔡文輝

第一次與劉振強先生見面是在一九七七年。記得那年我應聘至臺大社會學系擔任客座教授，講授社會學理論。同班同學張曉春教授也在社會學系授課，他要我去跟三民劉董事長見個面，一齊吃個午餐。餐後劉董事長問我願不願意替三民寫本書？第二天合約就簽了《社會學理論》這本書，就開啟我跟三民四十年的合作，此後三民又陸續出版了我好幾本書。

一九七〇與一九八〇年代是臺灣出版業的鼎盛時期，臺北重慶南路書店林立，各領風騷。在劉董事長領導下的三民是成功的。它的成功一方面是建立於劉董事長對著作者的承諾與尊重，另一方面則是他對年輕讀者的平民化。記得我在《三民書局五十年》紀念文集內的〈三民書，臺灣情〉是這麼寫的：

> 我還是喜歡到重慶南路的老店去逛。在那裡，總是人擠人，地上更是坐滿了「白」看書的年輕人。那裡雖然空間較窄較小，可是我總覺得那裡比新大樓有生氣、有活力和朝氣；在那裡，我總有一股更愛臺灣的衝動。

在那個時代裡，臺北重慶南路的老三民書局就像是臺灣的傳統菜市場；亂中有序，人與人之間，距離小而親切；對未來充滿信心和期待。對無數的年輕學子，三民是一個不可錯過的加油站；對高齡的中老年讀者，三民則有著濃厚的「古早味」：緬懷舊時的陳年往事。

有不少的人說三民是過於保守，那一套封面設計單純的大學用書，更是保守的徵象。對我而言，與其說三民保守，倒不如說是劉董事長對傳統的尊重和敬畏。我在《三民書局六十年》紀念文集裡的〈手寫稿紙的消失與電腦文稿的崛起：傳統與創新〉心路旅程，描繪的就是這演變：

> 跟臺北的其他書店比，復興北路的三民有其獨特的風格。他不像誠品那樣的華麗，是很多觀光客必去的景點；他也不像重慶南路上的大多數的書店吵雜擁擠，是熱鬧但髒亂。復興北路的三民靜靜的，很有書卷氣，有傳統書店的古早味，卻也有新式書店的廣寬和舒適。我看到不少老人在找書和看書，我想這裡是真

的比較適合老人用來消磨時間的好地方。

在那個時代有兩件重要的新社會現象出現，深深影響臺灣的社會結構：第一是人口的少子化與高齡化，第二是手機網路的廣泛普及。看書的人大量減少；重慶南路的老書店紛紛關門或外移。當年車水馬龍的盛況已不見。對這，我倆談了很多。有一次我建議出版一套有關老人的叢書，尋找新的讀者群。他同意我的想法，新完成的復興北路大樓也更適合老人和兒童使用。

劉振強先生在臺灣，很成功的扮演了兩個看似相剋但卻是互補的角色：儒生學者和發達商人。他努力捍衛中國儒家倫理文化，有儒家的固執和自負；但同時他也成功地在商業上，將事業版圖由古老的重慶南路擴展到今天的復興北路大廈，相當難能可貴。

他知道我有心臟痼疾，我們彼此常交換了一些個人親身經驗。走得這麼早，真是可惜！沒有劉振強先生就不會有今天的三民事業。

戲曲研究集大成之作：《戲曲演進史》

曾永義

民國五十三年九月，我進入臺灣大學中國文學研究所碩士班，開始研究戲曲；後來因主持整理中央研究院史語所所藏俗文學資料，接著又參預民俗技藝之調查研究，而涉入俗文學和民俗技藝的探討，終於形成了以戲曲為主軸，以俗文學、民俗技藝為之羽翼的學術研究網絡。於是逐漸認定：《俗文學概論》和《戲曲演進史》是我這輩子要完成的兩部書。而今不止《俗文學概論》已於民國九十二年六月在三民書局出版，即在努力撰著的《戲曲演進史》也早已和三民書局定約，預計民國一一二年，科技部所資助的「人文行遠專書寫作計畫」期滿，就非交卷不可。如此一來，我自許為平生志業的兩部「大著」，都是三民書局為我實現的，我內心的感激，自是難於言喻。然而何止如此！在這期間，於民國一百年十一月，三民書局又為我出版《地方戲曲概論》上下兩冊；民國一〇五年三月，更陸續為我出版《戲曲學》四冊。它們從表象看來，仍都是龐然「大著」，我很擔心這樣冷門學問，是否會教三民書局血本難歸。

然而三民書局負責人劉振強先生一點也不以為意，他對讀書人始終非常的信任、厚愛和禮遇，他襟懷的寬廣熱誠，尤其教人感到無比的溫馨。熱誠溫馨得使你的著作能在三民書局出版，實是莫大的榮寵。

振強先生轉瞬間雖已離開我們三年，但他的風範一直存在三民書局，一直存在文化人的心目之中。今年四月，我已八十初度，進入衰頽殘年；但一想起此生研究戲曲已五十六年，其集大成之作《戲曲演進史》非完成不可；芸窗之下，不免有日居月諸、時不我與的惶恐；可是再想到三民書局之約，又怎能辜負振強先生的期許，於是又奮然而起，看來又是「龐然大物」，不禁心虛；而檢點全稿，大局已布置建構，應在期限之內可以完成，乃稍覺心安。

《戲曲演進史》分十編：甲、導論編，乙、淵源小戲編，丙、宋元明南曲戲文編，丁、金元明北曲雜劇編，戊、明清戲曲背景編，己、明清傳奇編，庚、明清南雜劇編，辛、近現代戲曲編，王、偶戲編，癸、結論編。目前已完成七編，只有戊、己、癸三編之篇章，或在寫作或在修補。此十編之規劃，以戲曲劇種演進史為骨架，以戲曲的文學特質、藝術表現、理論體系為血肉，以評述名家劇作為肌理，五者融會為有機體而作總體論述。

其論述之前提：首先對戲曲關鍵詞之「命義」予以定位，如戲劇、戲曲、小戲、大戲，腔調、聲腔、唱腔，劇種；其次考述小戲系統、大戲系統之北曲雜劇、南曲戲文、地方戲曲劇種之源生、形成、交化、蛻變等之歷程，以祛除學者之臆說與謬論；再分別探討各時代、各劇種之體製規律、藝術內涵、文學質性，最後融會於其劇種載體，以見戲曲演進之整體面貌。而這樣的論述方式，是在〈導論編〉第六章〈「戲曲研究」之回顧檢討與「戲曲演進史」之建構〉的論述下形成。

又本書十編，其首編〈導論〉，旨在使讀者認知戲曲史中之普遍現象，及其應具備之前提；其末編〈結論〉則總結戲曲演進至今所產生之種種面貌及其利弊得失，此為論述戲曲史者所未嘗及，乃為本書之特色，茲舉其篇章如下：

引言

壹、戲曲劇種演進之脈絡

貳、戲曲五種劇場類型所產生的影響

參、戲曲藝術之質性、內涵與演進

肆、戲曲內外在結構的互動與制約

伍、戲曲理論內涵之周延性及其得失

陸、戲曲體製劇種之語言內涵所產生之文學特色
柒、戲曲流派說之形成與檢討
捌、從明人「當行本色」論說評騭戲曲之態度與方法
玖、戲曲在今日因應之道
結語

而其中之八編，則可以概見劇種演進之推移與發展，且各編均可各自獨立，自成一研究之體系，譬如〔金元明北曲雜劇編〕之篇章目次如下：

引言
壹、北曲雜劇之淵源、形成與分期
小引
一、小戲群源生期「金院本」
二、小戲發展轉型過渡大戲期「金院么」
三、大戲形成始興期「金蒙么末」
四、北方大戲大盛期「蒙元么末與元雜劇」
五、大戲南北全盛期「元雜劇」

五、鄭光祖《周公攝政》與《王粲登樓》述評

六、鄭光祖《倩女離魂》與《傷梅香》述評

拾壹、喬吉與三位水滸作家述評

拾貳、今本《西廂記》綜論

引言

一、今本《西廂記》作者之問題

二、今本《西廂記》的藍本

三、今本《西廂記》在藝術上之成就

四、今本《西廂記》在文學上之成就

結語

拾參、北曲雜劇之餘勢：明初憲宗成化以前百二十年作家作品述評

小引

一、明初十六子

二、寧獻王及其他諸家

三、教坊劇

四、無名氏雜劇

像這樣的論述結構，希望達成的是「別出心裁」，不止周延完整而且深入縝密。較諸一般戲曲史之概述輪廓，自然大異其趣。然而一利則有一弊，此書之繁重恐臻於一二百萬言，雖有益於學者之參考研究；但不適於青年學生作入門之津梁；因之，從中擷菁取華，約為《戲曲演進史簡編》，以三十萬字為度，應該勢在必行，未知三民書局執事諸公以為然否？

行文至此，不禁感念到：此生以讀書自許，以教書為業，以著述自娛，以飲酒為樂。而在勤勤勉勉、庸庸碌碌、愉愉快快之中，進入耄耋之年，而檢點所著所述，居然將有總計三四百萬言在三民書局出版！我多麼感激三民書局給我的鼓勵和提攜；何況這份鼓勵和提攜，是來自三民書局的典範劉振強先生的厚愛和禮遇！我相信，凡與先生相處過的讀書人，永遠都會對他無比的感念。

文化巨人，德業長昭

黃宗樂

二〇一七年二月三日下午，我正執筆修訂鄭玉波教授著《民法總則》（修訂十二版），忽然接到沈家君編輯打來的電話，她哽咽地表示：「黃老師，我要告訴您一個壞消息，我們董事長劉振強先生已在農曆過年前過世了。」進而說：「劉董事長是在一月二十三日凌晨安詳辭世的，享壽八十五歲，子女都隨侍在側。」「劉董事長生前交代：後事，設置靈堂，僅舉行家祭，不辦公祭，切勿驚擾親友，更勿勞煩各界。老師與劉董事長生前交情很深，特向您稟告此噩耗。」我頓時感傷莫名，非常不捨！我問：「現在靈堂設在哪裡？」沈編輯說：「設在龍巖臺北會館，臺北市民權東路二段一六六號一樓。」我感謝她特地通知我。

翌日早上，我偕內子王阿蘭趕到靈堂祭弔。靈堂安放滿面燦爛笑容的遺照，流露堅毅、樸實、樂觀、開朗、自信的神情。遺照後面是西方三聖的神像。女公子說：「先父生前注重環保，故不燒香。」我遂與內子合十弔曰：「劉董事長振強先生：我是三民書局的讀者和作者黃宗樂，與內子王阿蘭。劉董事長畢生投入文化事業，經營三民書局，從無到有，由小而大，終於出類拔萃，執出版界之牛耳，出版書籍成千上萬，對淨化世道人心，促進學術發展與文化進步，有其重大貢獻，德業永垂不朽。不意劉董事長溘然與世長辭，三民書局頓失領導中心，所幸劉董事長後繼有人，後繼者必能繼續發揚光大，劉董事長大可含笑而去。劉董事長一生行善積德，利己利人，生命圓滿，俯仰無愧，西方三聖必接引往生西方極樂世界，清淨安穩，不生不滅。」

我因殊勝因緣，承蒙三民書局盛邀，有幸與陳棋炎教授、郭振恭教授共著《民法親屬新論》、《民法繼承新論》，及修訂鄭玉波教授著《法學緒論》、《民法概要》、《民法總則》與《民法物權》等書。因此緣故，三民書局五十周年慶與六十周年慶，籌劃發行紀念專書時，均有幸被邀請撰寫紀念文章。前者，我恭撰〈三民書局陪我成長〉（《三民書局五十年》，二〇〇三年）；後者，我恭撰〈三民書局豐富了我的人生〉（《三民書局六十年》，二〇一三年），共襄盛舉。這兩本書敘述三民書局的發展軌跡、劉董事長的偉大成就。我聞噩耗後，隨即重溫這兩本巨著，回味兩百多位執筆者對劉董事長的「尊重讚歎」，尤其壓卷的劉董事長的兩篇文章：〈書的園丁〉與〈回首來時一甲子〉，恭讀後，益覺劉董事長確實非常了不起。

說來真玄。近幾年我蟄居陽明山，回歸田園，晴耕雨讀，含飴弄孫，怡然自得，一年多以來幾乎不看任何新聞。二月八日，媳婦上班，內子繁忙，我去超商買便當，順便買了兩份報紙——《聯合報》與《中國時報》。兩大報文化版恰巧皆大幅報導，三民書局創辦人劉振強先生逝世的消息及生平事跡，實在有夠奧妙！

我是讀書人，又忝為學者，讀書、教書、寫書、買書、藏書是我的工作，也是我的興趣所在。顧自讀大學以來，與三民書局結緣，由讀者而作者，三民書局惠我良多，我福氣真大。我除了專業的法律書而外，亦好讀其他各種書籍，例如三民書局刊印的「古籍今注新譯叢書」就是我的良伴。劉董事長在〈刊印古籍今注新譯叢書緣起〉中謂：「處於現代世界而倡言讀古書，並不是迷信傳統，更不是故步自封；而是當我們愈懂得聆聽來自根源的聲音，我們就愈懂得如何向歷史追問，也就愈能夠清醒正對當世的苦厄。要擴大心量，冥契古今心靈，會通宇宙精神，不能不由學會讀古書這一層根本的工夫做起。」真知灼見，深獲我心，直到現在許多今注新譯古籍依舊是我的精神食糧，我從中窺知中華固有文化的博大精深。

身為學生、教師、知識人或愛書家，逛書店，自由取閱各種圖書，選購自己所要的書籍，乃一大享受。三民書局圖書齊全，可滿足各種不同的需求，又以客為尊，服務第一，更是逛書店者的最愛。三民書局除實體書店外，又設有三民網路書店，提供完善的服務，非常方便。今日，矗立於臺北市重慶南路一段六十一號的三民大樓，與矗立於臺北市復興北路三八六號的文化大樓，美輪美奐，宏偉堅固，正標誌著三民文化事業的興盛繁榮。劉董事長留下的資產是多麼的珍貴！多麼的可觀！

劉董事長的逝世，無疑地是國家社會的損失，是文化界的大事，儘管遺族遵照遺願，後事低調處理。雖然有生必有死，生者必滅，而劉董事長享壽八十五歲，生命圓滿，福壽全歸，不過劉董事長的永別，還是令人十分悲痛與不捨。謹綴數語，聊表悼念之意於萬一。我深信，在劉董事長的福蔭下，三民文化事業必將永續發展，不斷出版優良書籍，造福人群。

嶺上和風望白雲

黃光男

三民書局在印象裡，一直以為是三民主義的簡稱，乃是為提倡社會正向發展的理想而設立的。但是在它出版書冊的內容觀審，卻是以文化為底、以知識為質、以教育為尚的出版旨意，當時（四十年前）我就在重慶南路的本店購置了不少諸子百家，或是經史子集的書籍，有些是教科書、有些是文藝創作，我最喜歡的是成套的哲史巨著。有些時候常想，為何出版者對於文化的傳播有如此熱烈使命感。

令人敬仰的古籍今譯，都是名家巨擘的手筆，也是登峰的學者為之注譯，可比為孔門註《易》，或朱子集注四書的現代版，除了以當下口語或新解詳悉古人的精萃外，亦得有時代的空氣，使讀者易進入古籍堂奧，而所選譯者均為當代的大學者，如《四書讀本》就由謝冰瑩、李鍌、劉正浩、邱燮友分別註譯，考據、舉正或詮釋都在真切傳授之中，亦是臺灣以中華文化復興的重地，是謂古文今用，以古鑑今的再起生者。

或說文化是大眾生活經驗傳承，三民書局的經營理念，根植文化源頭活水，則在「人」的需要上加以陳設，在出版選材上有了宏觀的心性，務期達到「服務社會、發展社會」的理想。如此觀點從三民書局的出版品、行銷策略、服務對象，以及對於社會機能所引發的宣聖心情，是日後我在博物館工作後，體悟到的真實。

三民書局提倡了「增進知識」的場所，發揚優良文化傳統，倡導新文化契機，就是增進知識的寶庫。知識就是力量，在國內實施普及教育，以及提昇國力的工程當中，三民書局宏觀在振興中華文化，加強軟實力的首要工作，鼓勵大眾大量閱讀，是首屈一指的出版業。

常常流連在三民書局門市部內，每每被一部部的經典書籍所吸引住，思想家、哲學家、文學家等等中外名著，展現在書櫃上，就使我不禁合十鞠躬慎重瀏覽，久久忘返，大部頭書如錢穆的國學經典，鄔昆如的哲學，吳怡的中國哲學，薩孟武的社會學，葉維廉的文學，黃友棣的音樂等等，囊括了當代名人的著作，均是記錄國內外臺灣文化發展的現象與深度。

更多的精彩散文、評述文，或隨筆集合了國內外文化精英參與寫作，在作者群裡，不僅群賢畢至，而且宏論金鐸，可說是「金馬玉堂，群羨翰林聲價」，至今更能驗證三民書局所揭櫫文化傳承的時代使命，是那麼恢宏磅礡的氣勢，有種乾坤正氣之感。

就在門外思索何有如此一位肯為社會安寧，傳善子孫的紳士，肯為百年教育，萬古千秋的大業奮勵時，有位和煦的長者，走進了國立歷史博物館的第三樓展覽廳，觀賞常設展的精美文物品，經過導覽員的解說服務後，很振奮地跟同仁說：「文化名品實在精美，漢綠釉與唐三彩令人驚喜，以及史前的彩陶造型妙得天趣，而商周青銅器樣樣感人。在這裡可以欣賞數千年文物，真是不容易啊！」接著徘徊再三，目不轉睛，有系統地看過通史式的展品，自遠古到近代，尤其臺灣早期之書畫、近代工藝品亦然有個傳承的文化元素。也是生活習俗與生命價值的傳世品，在先人創作的藝術品中，保持了文化元素的力量。

這種長輩勉語，可謂麗澤相滋。接著他被請到我的辦公室，相談甚歡，能有這位碩儒彥士的加持，博物館工作何能不昌盛呀！更驚訝的是他開口提到，我在報章雜誌偶寫的雜文，是很真摯的文字，可以集冊出版！此時我才知道他就是三民書局的董事長——劉振強先生，一時不知如何回應，只覺得瞻山斗、仰高賢，如何還能得之親炙相勉！接著聽他的一席話：「成林風息千古韻，耕讀片雲皆悠然」，並提到「萬事莫如為善樂，百花爭比讀書香」的興味，好一位煦煦然的長者，有春風和暢，有時雨滋養大地的力量。

得邀在三民書局出版第一本雜文集冊，書名為《遇門相呼》，於二〇〇二年見世，書名過門相呼，不言可喻，得到劉振強先生的允諾，極為溫馨可敬，明知己力未逮，卻得到鼓勵，何止於過門相呼應呢，我必須誠懇謝謝劉先生的熱心。這一本冊子書名引用了齊白石有一張畫的題詞，在二隻雛雞嬉戲於庭院中，和悅相讓，境由象生，有種陌生卻親切的互相、仁慈施愛，故而取名，也是應劉先生的厚愛之情。

二〇〇七年三民書局又出版了一本《客路相逢》的雜文，內容以在職務外的國際見聞，每到一個國家或地方時，隨手記下應景與感念，有見賢思齊的想法，也有自身奮勉的省思。而「客路相逢難，為樂常不足」是東坡先生的詩句，我借之為與劉先生偶遇的紀念，因為客路相逢是很難，更難得以文相交，且受他無比愛護，此情此境難之又難。下句為樂常不足乃是世事多變，理想與現實常有不濟，劉先生、我、其他的朋友，是否也有時不我與的感覺。書名與心情是相濟相成的，在此告慰劉先生，我一直記得您的指導、支持與協助。

而今，我已近垂暮之年，想起這段往事，仍然覺得劉先生在人生上不斷得到三層讚賞，除了立言、立德、立功外，更要以當下語法說出他望重士林的貢獻，應得有大學之道的宏志，「在明明德，在親民，在止於至善」。務使臺灣社會清純、國力豐沛、知識更精、品德日上的修為與實踐中，因而飽受時人的敬重與懷念。

我以「銘心鏤骨，佩德難忘」的懷念刻記心緒，或許所知不多，關於劉振強先生的生平大事，仍然一知半解，但正如他仙逝後在追思會，看到自動前來致敬的名家、學者，還有同行者絡繹於途，均頻頻惋惜哀思，如此被士林推崇為文壇鳴鳳朝陽，其性其情豈只是出版精言名冊，更是為國育才，為社會增加和煦之力量，增添大眾生活的品質與價值。

對這位德配文壇、道行天下的長者，撰句為：「如斯孔門鐸聲千里，攻玉他山望重士林。」拜行再三。

俠義知音的長者

杜正勝

幾天前的傍晚，在研究室突然接到三民書局蕭遠芬小姐的電話，告知我董事長劉先生不幸在農曆過年前夕離他們而去了。

這通有如晴天霹靂的電話，我像受到電擊，一股悲懷油然而生，腦中則一片茫然，久久不能自已。三四十年來，與劉振強先生淡如水的交誼，一幕一幕浮現在眼前。

二〇一六年二月，記者韓國棟先生執筆的《走在風尖浪頭上》出版。該書記錄我在教育部長任上四年推動的一些政策，當然也包含當時的爭議。回想起我遭受媒體攻擊時，劉先生給我的溫暖，於是毫不遲疑地寄呈一冊請他指正。

不久，接到劉先生親筆簽名的一封打字信函，才知道近年來他的眼睛深為黃斑病變所苦，「無法長時間閱讀」，書是看不了了，不過，長者劉先生還是很客氣地回信，並且追憶我和他的交往。

劉先生說：「當年你赴英深造，我們彼此魚雁往返。」這是指一九七五年我與劉先生訂交的往事，至今已超過四十年。「其後，你回臺任教，並歷任史語所所長、故宮博物院院長、教育部長，猶記得到部前夕，我們還在故宮晤敘，當時情景，歷歷在目。」

返臺後我和劉先生的來往主要是在文化事業方面，我替三民主編《中國文化史》，和年輕學者籌劃「文明叢書」，而個人的幾種學術著作也先後承蒙劉先生美意，特闢「歷史新視界」系列，予以付梓。這些細節，《三民書局六十年》一書收錄的拙作有所陳述。

不過，我最感念的，還是劉先生慷慨解囊，對當時我們這批年輕學者創辦的《新史學》，無私地贊助支持。《三民書局六十年》的那篇文字我寫了以下這段話：

> 《新史學》如果建立了一點信譽，《新史學》如果對臺灣的史學界或世界漢學界起了一點推助作用，《新史學》如果真的有一點代表性，使國際研究中國史的學者看到臺灣，那位既非發起人、也不是會員，更不是編輯或作者，而且在將近一百冊的《新史學》都找不到名字的劉振強先生，最堪稱得上是「幕後功臣」。

而今回顧，如果沒有劉先生替我們支付絕大部分的出版經費，我真不敢相信《新史學》不會夭折。

《新史學》至今已整整走過二十七個年頭了，出足一〇八冊，當然也都不會見到劉先生的大名。放眼世界，一九二九年，法國創刊了 *Annales*；一九五〇年，英國創刊了 *Past and Present*，《新史學》有志與之比肩。如果年輕學人了解《新史學》誕生的歷史，纘繼前修，使這刊物能媲美法、英典範，才是對劉先生表達最誠摯的謝意和敬意。

劉先生的信回憶我「因教育政策之故，飽受外界批評，甚至在卸任後還遭檢方起訴」。當時我避難宜蘭，劉先生見報後多方打聽到我鄉居的電話，「致電慰問」，聽過我「詳述事件的緣由與苦衷」，知道我的為人，於是安慰我，「往後再有朋友對你有所誤解，我都會為之解說」。劉先生，這位創辦三民書局出版大業的文化巨擘，讓我深深感受到他自然流露的俠義情懷。

上述《三民書局六十年》中的紀念文，我對這段往事和心路歷程有所著墨，而最令我回味的是與劉先生的「君子之交」。我與劉先生即使（很可能的）在臺灣政治光譜上所站的位置有些距離，然而無礙於我們兩人相互之間的人格尊重與信任。

當時回憶這段往事時，我曾想起各為其主的三國人物猶相互敬重之風範，後來接到劉先生的信函，發現他提到李陵的故事，似有類似的思維。可見相知者的心靈交流，是暢達無隔閡的。他說：

早年，我讀過李陵的〈答蘇武書〉，對於其不被外人所理解之苦楚，至今難忘。多年之後，再瀏覽過《史記》，對於司馬遷撰著此書的苦衷，有更深一層的體悟。

最後，劉先生對我慰勉有加，相信我的「言行肯定經得起時間的考驗，歷史亦終將給予最公正的評價」。

是的，歷史已經給劉先生評價了。學者以中文寫作，因劉先生三民書局的出版而產生深遠影響的，恐怕難以估計吧。他累積的文化偉業，也將如源源不絕的長流，造福一代代的學子。這些都是公論，不勞我贅言。對個人而言，最遺憾的，莫過於——當我讀來信，看到劉先生顫抖筆跡的簽名，想去探望，卻未成行，而今只留下失去知音的淒楚和悲涼。

人生在世，知音難求，俠義情懷的知音更少見。

劉先生，永別了，我們這四十年淡如水的君子交情，已融入我的生命中，與垂暮的我相始終。

文化報國的劉振強先生

林騰鷂

三民書局股份有限公司創辦人劉振強先生逝世三年了，各方追思的文字很多，但以前教育部次長黃碧端女士所說，劉振強先生是當代影響臺灣最大的文化人之一，最為貼切得體！

劉振強先生於民國四十二年與友人柯君欽、范守仁等人，秉持「知識普及化，學術思想通俗化」理念，集資創辦三民書局，至今已出版的社會科學、自然科學與人文藝術等各領域書籍，已有上萬種，對中西文化的傳承與弘揚，貢獻顯著，已獲得各方的讚賞！

特別是對中華文化的傳承與弘揚，有目共睹！古籍出版在今日臺灣已無龐大市場，但劉振強先生所主持的三民書局，卻不計成本的，把《後漢書》、《三國志》等非熱門典籍今注今譯出來，並全部注音。這若不是有堅強的文化信念使命感，是不會如此的投注心力！

十多年前，筆者有幸北上會晤劉振強先生，承他在復興北路第二門市大樓熱情接待，導引參觀書局各部門，並述及編纂《大辭典》，用了七十噸銅模和鑄字鉛條，花了十四年才完成的艱辛過程。此外，在談到編纂出版中文大辭典時，為求字體完美統一，不再沿用臺灣所有印刷廠均使用的日本進口鉛字，而自行耗資鉅資，鑄造六萬餘個「漢字字型檔」，創下了當代出版史奇蹟！

尤其是，他著手「漢字字型檔」數位化的系統工程，延請近百名專業人員，撰寫能體現漢字美感之字體，完成了由楷體、黑體、仿宋、長仿宋、明體、小篆六套字體組成的漢字字型檔，並組織技術工程專家，開發相應電腦排版軟體，使各體總共有數十萬字的漢字字型檔，運用於三民書局的出版品，讓人深深感受到他守護民族尊嚴，及傳承中華文化的心志！

現代西方文化的精華，甚多在憲政、法律領域，在其廣被上，劉振強先生所主持的三民書局，早期首先出版甚多法政（法律類及政治類）大學用書，多被學子購買，用以準備參加高普考或特種考試。誠如十七年前，筆者在《三民書局五十年》一書，所撰〈三民書局與憲政發展〉一文中述及的，「政府機關之公務中堅，或在學術研究單位教學、研究與服務的社會菁英，都是念三民書局出版的法政書籍長大的」。由此可見，劉振強先生所主持的三民書局，六十多年來對憲政法制發展的貢獻與影響力！

又五年多前，筆者收到三民書局編輯來電，謂劉振強先生邀請我參與三民書局《大辭典》中，政法詞條之修訂與增寫。在修訂與編寫後，我才知道三民書局出版的第三版《大辭典》，已由初版的一萬五千字大舉擴增至五萬三千三百字，遠遠超過《康熙字典》的四萬七千餘字。而劉振強先生在中華民國一〇六年一月親寫的三民書局《大辭典》增訂版序中，也述及初版《大辭典》收羅的古今中外人文、社會、自然科學等領域詞彙，詞條超過十二萬，敘述文字高達一千六百萬字，是民國以後第一部由中國人自力編纂的中文專業百科辭書。劉振強先生自述：「不減愚志，遂投入巨資，聘請百餘位專家學者，購置珍稀圖書，花費大量時間、人力，可謂『傾家蕩產以成此書』(即三民書局《大辭典》)」的心志與情操，實在不是一般出版事業者，所能望其項背的！

而更難能可貴的是，劉振強先生創立三民書局股份有限公司，不只延攬知名學者撰寫經典書籍，如薩孟武教授的《中國憲法新論》；管歐教授的《中華民國憲法論》；林紀東教授的《行政法》及《中華民國憲法逐條釋義》；張家洋教授的《行政法》；城仲模教授的《行政法之基礎理論》；李震山教授的《行政法導論》；葉俊榮教授的《行政法案例分析與研究方法》等，且在年長學者仙逝後，重金禮聘年輕學者，增修與現況不符之舊著作，而為法政文化的傳承！

如管歐教授的《中華民國憲法論》出了九版後，與現行憲法增修條文之規範脫節，三民書局乃邀約筆者，針對國民大會無形化、立委選舉採單一選區兩票制、公民投票入憲、修憲界限、地方制度之更易及國際公約新人權之國內法化等，分別增訂至第十二版，一方面保存了管歐教授原著的精神、體系架構、論述主張，一方面又使原著增加新的內涵，符合學子學習國家根本大法的需要！

除此之外，劉振強先生厚待書局同仁，獎助他們購置房產，確保家人生活無憂的舉措，更是值得一提！筆者與劉振強先生的機要祕書王韻芬女士有數面之緣，承她相告，劉先生認為書局同仁都是一家人，一起來為公司事業努力奮鬥。因此，對於同仁的身體健康、購屋置產及生涯發展，均投入相對的心力與資金。特別是劉先生多年來均與書局同仁同桌共食，一起通宵年度盤點，也充分展現了領導人以身作則、同苦共甘、培養文化出版事業人才的信念與行為！

而令筆者最感佩的是，劉振強先生對於文化後進的培育，特別是對文法科系畢業生的照顧與培養！如在編纂《大辭典》時，特設部門，延聘八十位同仁，專司寫字工作。這對缺乏良好工作機會的文法科系畢業生，實為莫大鼓勵！筆者在參觀三民書局復興北路第二門市大樓時，就發現劉振強先生大力栽培文法科系畢業生，及培養傳承中華文化火種的種種精神與作為！

又劉振強先生的知恥、愛國精神，也在上述三民書局《大辭典》增訂版序中，表露無遺。他說：「有感中國人引以為豪的辭書巨作《康熙字典》疏漏頗多，甚至被日本學者指出訛誤逾萬處，深覺汗顏。」而在薩孟武教授表示「千萬不要編字典，不然，你會跳海的」之後，仍舊「不減愚志」、「傾家蕩產」的完成民國以後，第一部由中國人自力編纂的中文專業百科辭書。這種情操表現，也足以充分說明劉振強先生，是一個以文化報國的偉大出版事業者！

通識教育的重要環節

韓　秀

伏案筆耕三十八年，沒有任何一年能夠同二〇一五年相比，這一年格外艱難。回首往事、梳理文林蹉跌帶來的心情灰惡是一個緣由，具挑戰性的藝術家傳記寫作之艱辛，是另外一個緣由。

二〇一六年二月十七日上午十點鐘，懷著忐忑的心情，我準時踏進臺北市復興北路三民書局五樓，劉振強先生的辦公室。劉先生笑微微地迎住我，滿心歡喜地告訴我他輾轉得到的珍本典籍，那裡面用的字有多麼的漂亮，正可以補強《大辭典》。書一翻開，文革期間某革命委員會粗劣的鈐印歷歷在目，我跟劉先生說：「這書難得，曾經是藏書家的傳家寶，也曾經是抄家物資，不但用字漂亮，也記錄了一段歷史，白紙紅印，再也無法遮掩。」劉先生黯然神傷：「許多的讀書人、藏書家慘遭荼毒。」我的心裡卻湧現出感激：「無論怎樣曲折，這些珍本還是得到了最好的歸宿，值得慶幸。」

我的手裡也有一本書，是這一年元月剛剛出版的《尚未塵封的過往》，我帶來看望劉先生，當面送給他這本書，是有著緣故的。我跟劉先生說，夏志清先生與三民書局之間的那一點點誤會，因緣際會，我正巧了解事情的來龍去脈，因之，能夠把各方面的立場作為佐證，納入書中〈二〇〇一年〉這個章節，不但證實三民書局的無辜，而且特別談到劉先生對編輯朋友詳盡、中肯的指示。讀者看到了這一段有根有據的書寫，必定會同意我作出的結論。劉先生很欣慰，想了想又跟我說，他對夏先生的學術成就是很尊重的，想不到，很多寫作、出版計畫尚未完成，這位學問家竟然匆忙地走了。我跟劉先生說，夏先生走得太匆忙了，很多事情來不及料理。我寫這本書，不只是為了紀念他、紀念我們共同喜歡的沈從文先生、端木蕻良先生，也實在是為了不忍看到那麼多動人的故事被灰塵掩埋。

說到這裡，劉先生忽然地高興起來，說是終於看到了一本「大家都看得懂的」西方藝術史，竟然是這一年元月出版的《林布蘭特》。我覺得十分尷尬，這本書，我確實寫得辛苦，本來應當是一屋子學者的研究成果，結果是我，一個未曾在廟堂裡進修過藝術史的文學人靠著激情、靠著永不休止的追索，去闡述一位偉大的巴洛克藝術家的生活與創作。我囁嚅著，跟劉先生說，這本書的書名應當是《先行者——林布蘭》、選圖應當更加嚴謹，圖說應當大幅改進，書中出現的人物都應當一一加上生卒年分，以利讀者對那個時代有進一步的認識。

劉先生凝神聽著我對這本新書的一大堆改進意見，沉思起來。他開口說話的時候，我實在是大大地吃驚了。劉先生跟我說：「藝術家傳記還原的是歷史、是藝術史，它不只是學術著作，它應當是通識教育的重要環節，它應當讓普通讀者了解人類文明的某一段進程，了解其中的偉大人物。你來為我們三民書局寫，我們的美術編輯會為這樣的書作出最精彩的呈現。」

待了半晌，我好不容易從千頭萬緒中掙扎出來，簡單明瞭地跟劉先生說：「在三民書局出書是最幸福的事情。我記住了您的話。但是，我答應了人家給他們寫三本，不能黃牛。一旦任務完成，我馬上為您寫。」

再也料想不到的，這是我最後一次同劉振強先生歡聚在三民書局。

二〇一七年二月八日，我來到臺北龍巖會館，面對遺照上劉先生慈祥的笑容，我在心裡默默祝禱，為劉先生也為三民書局。

因為曾經為三民書局撰寫藝術家傳記童書而獲得的藝術家傳記工程，在二〇一八年六月全部結束。同一年十一月二日，見到了三民書局總經理劉仲傑先生。仲傑先生在談話中，談到了藝術家傳記。「給我們寫幾本」一聲令下，等於是一劑強心針，為我那箭在弦上的卡拉瓦喬研究，平添了極大的助力。

卡拉瓦喬這顆彗星，出現在義大利文藝復興走進歷史的關鍵時刻，他是一則傳奇，他是真正的英雄人物，為了自己求真的藝術理念不惜粉身碎骨。但是，一些藝術史家們卻十二分的看不上他，覺得他特立獨行、不安分、甚至動手殺人，遭到通緝，死無葬身之地。但是，同時代的魯本斯兄弟卻熱愛他，幾十年後的林布蘭卻推崇他。他是詩人、他交遊廣闊必然寫信，但是他沒有能夠為我們留下一個字。在這個世界上，只有他的作品一直在感動著世人，在為他說話。

二〇〇九年春，我無意中在托斯卡尼參加了一場激辯，熱愛卡拉瓦喬的義大利藝術史研究者們，同英美藝術史家們展開了一場激辯。這場爭論深刻揭示了五百年來，對這位藝術家的刻意扭曲有多麼嚴重。

我不能置身事外，就從那時起，我在歐洲和美國到處尋訪卡拉瓦喬留下的筆觸，留下的蛛絲馬跡。十年之後，我寫出了《巴洛克藝術第一人——卡拉瓦喬》。書封上，三民書局編輯朋友精準地指出，卡拉瓦喬在繪畫藝術上的革命性突破。我看了，非常感動。相信，卡拉瓦喬在知道世間有這樣一本中文書的時候，也會非常的欣慰。

二〇二〇年二月八日，雖然臺北國際書展因為新冠肺炎疫情的蔓延而延期，我為讀者所做的有關卡拉瓦喬的演講，卻在重慶南路三民書局藝文空間如期舉行。那一天，戴口罩與不戴口罩的朋友們面對的投影，是卡拉瓦喬的曠世傑作《基督被捕》。卡拉瓦喬的明暗設色法、拉近人與神之間距離的強烈企圖心、悲憫的情懷、超凡入聖真切再現《聖經》場景的高度技巧，以及他自己永不枯竭的同情心、同理心的切實表現，構成了這幅作品的成就。

面對這幅畫作，我的心緒飛到米蘭、飛到羅馬、拿坡里、馬爾他、西西里以及終點站艾爾蔻。感覺精疲力竭的同時，感覺鬥志昂揚。活動結束，我跟在寫作過程中、編輯過程中一路護航的副總編輯蕭遠芬說：「我終於開始完成對劉振強先生的承諾，心裡安定許多。」

返回美東，從電腦上方取下有關卡拉瓦喬的大量卡片，留下了最上方的一條註記：「通識教育的重要環節」，下面一張卡片則是下一本書的大標題，然後插上我在飛機上寫下的兩個重點：「寫完前兩章，將文字、圖片與圖說先行送到編輯部。」、「全書完成之時，所需圖片與圖說、正文同時寄交編輯部。」在我離開臺北前一天的清晨，三民書局另一位副總編輯劉培育趕到旅館，特別談到下一本藝術家傳記要設法更好地拉近圖版與相關文字的距離，因此希望先看到前兩章，「編輯部將試著把版面排到最為合理的程度」。精益求精，是三民書局的出版原則。歐美大出版社在出版藝術書籍的時候，顧及圖版質量的同時，往往不能兼顧文字。讀者必須靠著行文中的註釋去尋找相關的圖片。三民書局卻將服務讀者作為重要的考量，希望盡一切努力，拉近現代讀者與古典藝術家之間的距離，讓一本藝術家傳記好讀、賞心悅目，讓藝術家傳記真正成為通識教育的重要環節。面對著編輯朋友殷切、真摯的囑託，感覺信心倍增。新的征程就此起步。

敬愛的劉先生

張燕風

多年來，每次回到臺北，都期盼著去三民書局探望您，坐在您辦公室裡的長沙發上，喝一杯白開水，聆聽您雋永的言辭，親切的家常，和爽朗的笑聲，讓我遊子返鄉的感覺變得很實在，很安穩。去秋返臺，得知您生病在家靜養，因為避免感染，已謝絕訪客。沒能見到您，心中悵然若失。

農曆年前，接到三民書局黃小姐的電話，她用喑啞悲傷的聲音告訴我，「劉先生離開我們了」。您病重已有些時日，這個消息來得並不突然，但還是帶來震驚和心痛。

不知不覺中，我走上家附近的磺溪步道，記得您曾提過您有親人住在磺溪邊，並說那長長的步道是個走路健身的好地方。走在這個您也熟悉的環境中，眼前彷彿見到您的音容相貌。溪內不斷淌過的潺潺流水，也像您平靜溫和的叮嚀，撫慰著大家因失去您而哀傷的心境。

我坐在溪邊回想著，第一次見到您已是十五年前的事了。我因在美國參與簡宛姊主編的童書系列寫作，而成為三民書局的作者。那年回臺北時，您的祕書打電話來邀請我去公司和您見面。我當時確實受寵若驚，帶著緊張的心情，走進臺灣出版界巨擘劉振強董事長的辦公室。而您的笑容和大落地窗邊灑進的陽光一樣溫暖，立即融化了我的惶恐不安。您對我說，「孩子一定要有好書可讀，童書部分是公司較新開闢的園地，也是我們對社會的反饋，即使不賺錢，也要堅持做下去。我很感謝作者們，這麼熱情的願意當園丁，和我們一起播種，灌溉，開墾這片園地」。您這番誠摯的話語，讓我倍受感動，並深以能做為一個三民書局的童書作者為榮。後來，您囑我主編童書系列，講述成功人物為什麼會成功的故事。我們在制定系列主題時，是受到您的成功特質的啟發，先後製作了「領航人物」和「創意 Maker」兩套叢書。

慢慢的在閒談中，竟然發現您和先父是近半個世紀前的舊識，先父比您年長幾歲，當時在報業發展，而您正在創建書局，都是充滿理想、意氣風發的年輕人。您常提到共同朋友中有位銀行經理，您和先父曾相約騎腳踏車去銀行蹭喝免費咖啡，談及昔日趣事，您會笑得像個孩子。後來二人漸漸失去連繫，您也不知先父早已辭世的消息，每提至此，您總不勝唏噓，念舊真情由衷而發。當您知道家母仍然健在，高興的尊稱她一聲「大嫂」，與老友們相聚時，也常邀請家母為座上賓。

在眾多人的眼中，您是高高在上，舉足輕重的大企業家，臺灣文化界的推手和導航的舵手，三民書局的守護神，同仁心中恩威並施的大家長，好友圈中可以肝膽相照的至交。謙謙風骨的您，是智慧、勇氣、堅毅和優雅高貴的化身。

而此刻，我腦海中浮現出的身影，卻是平凡，真實又可愛可親的您。是愛觀看平劇的您；是愛吃揚州三丁包、無錫排骨、上海菜飯、豆漿蛋糕、黑色巧克力的您；是談及家鄉父母時，老淚縱橫的您；是在談及滿堂兒孫時，滿面慈祥的您……。

敬愛的劉先生，您的一生，成就過多少大事，造就過多少人才，出版發行過多少書籍，造福過多少讀者。您一草一木辛勤耕耘，將原本被稱為文化沙漠的臺灣，變成一片欣欣向榮的文化森林，您燃燒自己，而照亮了世界。

如今您塵事已了，請放下重擔，安息吧。若您在天上找到先父，相信他老人家一定會很高興的和您去喝一杯咖啡。

我所認識的劉振強先生

翁秀琪

和三民書局董事長劉振強先生結緣，是在一九七五年剛到德國的那一年。那年，三民書局的創局股東退出，組織架構必須重整。劉先生心情受到影響，因此參加了一個歐洲旅行團。當年，臺灣尚未正式開放人民國外旅遊，老百姓只能以業務觀摩等理由出國旅遊，團費都非常高昂，參加的大都為醫師、企業家等經濟能力居金字塔頂端的人物。

劉先生參加的那團，正好有外子的擔任外科醫師的堂兄夫婦，我們則受邀在他們團抵達德國法蘭克福時，加入他們的旅行團，一起同遊荷、比、盧三國，因此結識了劉董事長。

劉先生為人低調，在團中不多話，人緣很好。可能因為他自己經營書店，因此對於各類的書籍非常感興趣，當別的團員都在看手錶、皮包、鑽石等精品時，他只鍾情於書，以及與書相關的產品，例如紙張、文具等。對於我們這兩個年輕留歐的學生，也非常照顧，一路上常常找機會和我們談留學念書，以及了解德國大學的狀況。

旅行團在荷蘭看了漂亮的鬱金香花園、風車村，參觀了壯麗的阿姆斯特丹大都會博物館和梵谷博物館，在比利時參觀了滑鐵盧，還去了比國最大的鑽石商店。盧森堡看了甚麼景點，因為年代久遠，已經不復記憶。回到德國，還去搭了萊茵河遊輪，在船上喝啤酒、吃德國香腸，經過寓言中的蘿蕾萊時，船家放起了那首膾炙人口的〈蘿蕾萊〉，好不浪漫。

一路上，劉董事長買了不少書，由於他們的旅行團還要繼續前往英法等國，因此託我們幫他把一路上購買的書籍，先從德國寄回臺灣。

我在一九八六年取得德國學位，回到臺灣教書。某日，接到劉董事長來電，問我願不願意寫一本和傳播相關的書籍，我想了幾天就同意了。這就是最近已經改到第四版的《大眾傳播理論與實證》這本書，之後，三民書局還幫忙出了一本我和指導的學生同著的《新聞與社會真實建構：大眾媒體、官方消息來源與社會運動的三角關係》。整個編書的過程中，三民書局的編輯們都非常地用心、細心，展現書局內部平日的訓練和管理素質極高。

記得是在三民書局幫我出版了《大眾傳播理論與實證》一書後的某日，劉董事長邀請我和外子，到他在復興北路上新成立的，既現代化又明亮的「新」三民書局參觀。那天，也是我首次聽他提及，投注無數心力的中文字型電腦化計畫，不過，在當時對於此計畫背後的意義，以及它對於臺灣出版界、甚至整個華人出版界所代表意涵，並不了解。以後，聽到劉先生一再提及此計畫，我才逐漸理解此一計畫背後的理念，以及他為何要不計一切地、不計成本地投入此計畫。我也曾聽他論及，迄今在此計畫中所投注的金錢，足以在臺北市購買幾棟大樓了。

一開始時，我對於劉先生的印象是：傳統念舊、節儉低調，但是就是在「中文字型電腦化計畫」這件事上，我看到他的遠見和創新，如愚公移山般堅忍的毅力，以及認定一件事是對的以後，義無反顧投入的精神。

劉先生傳統念舊，這反映在他對三民書局的管理哲學上。我雖然在三民書局只出版了兩本書，近年又因大陸盜版猖狂，導致銷路下滑，但是劉先生每年農曆過年時，都會親自造訪寒舍，致贈年禮。後來，或許因為年紀大了，無法親力親為，但是也請追隨他多年的祕書王小姐來訪。這種對於讀書人的尊重與禮遇，是在其他出版社看不到，說不定也無法理解的。

劉先生節儉低調，平日生活極為簡樸，數十年如一日只喝白開水，從不飲茶或咖啡。他雖有高級的賓士車代步，但不論是到公司上班，拜訪公、私事友人，都不忘交代司機把車停在離目的地稍遠處，然後步行前往。劉先生這樣做，或許有安全上的考量，但是也反映出其為人謙抑不浮誇的本性。

但是，他為何唯獨在「中文字型電腦化計畫」這件事上，願意投入旁人或許無法理解的時間、精力與金錢？原來在過去，臺灣所有的中文字型都得仰賴從日本進口的銅模，而且早期國內坊間的電腦字型都只有一萬三、四千字左右，距離中國字共有七、八萬字，真是相差太遠了。劉先生一方面不甘心於臺灣的出版業老是要受制於日本，同時也看到了出版業早晚要走上數位化這條路的趨勢，因此不計工本，組成由專家帶領的寫字團隊，針對總數七、八萬的中國字，同時寫六種字體，而且，只要不滿意就全數銷毀重寫。根據我的了解，此一艱鉅的工程，雖然已經大致就緒，但目前還是持續進行中，也是在這件事情上，讓我們看到他的理想與遠見。

像上述這樣影響我國文化產業甚鉅的文化大工程，原本應該是國家傾全國之力來加以推動的，三民書局的劉振強先生卻以一家民間出版社的力量，持續做了這麼多年。他對於臺灣出版界、甚至整個華人出版界所代表意涵及所做出的貢獻，稱他為東方的古騰堡，我認為是恰如其分。同時，我也認為這會是劉振強先生在華人出版界最重要的歷史定位。

劉振強先生與三民書局

吳瓊恩

一、前言：我與劉振強先生的因緣與君子之交

我自就讀高雄中學以來，即久仰三民書局創辦人劉振強先生，惜無緣親炙受教。民國五十六年，考取政治大學，常逛重慶南路三民書局，始漸知三民書局創業維艱及其特有的理想抱負，成為後來將近七十年的文化建設奇蹟。

中國歷史在元朝九十年間，尊孔子這件事，做得最好，其中尊孔詔曰：「先孔子而聖者，非孔子無以明；後孔子而聖者，非孔子無以法。」此一千古名文，轉用在劉振強先生更是維妙維肖。

中華文化以孔子為原生文化的代表，是為第一波中華文化；經佛教東傳，儒釋道三教合流形成第二波中華文化，至宋朝為文化的高峰；後經西方文化東來，中華文化

歷經憂患打擊，國勢衰退，開始中、西、印三支文明的融合創造，迄今將近二百年，即將形成第三波中華文化的振興或復興，在此轉型時期，劉振強先生與其所創辦的三民書局，在「打倒孔家店與某些全盤西化論者」的衝擊下，保持對中華文化價值系統的信心，持續奮鬥。劉先生及其三民書局所作所為不僅前無古人，其事功成就，後人或將自然以之作為文化創新事業的楷模，當可預期。

二、簡述三民書局創業艱辛及其文化理想抱負

三民書局自一九五三年在臺北市衡陽路開辦以來，後經落腳重慶南路，並於一九七五年成立「東大圖書公司」，一九九三年再增設復興北路大廈，擁有員工四百餘人。劉振強先生領導同仁，上下同心，出版一萬種以上優良書籍，贏得人文及社會各學科領域學者衷心敬服，為數代青年學子的教育成長貢獻心力，若無領導人謙和自律，勤奮刻苦，事必躬親和慷慨包容，怎能「苦盡甘來」，成就新時代文化事業的模範楷模，為同業與學界所公認的「時代典範」。三民書局在劉振強先生秉持「十九世紀是英國人的世紀，二十世紀是美國人的世紀，二十一世紀將是中國人的世紀」高瞻遠矚的信念下，完成兩件振奮人心的大業：

(1)費時十四年（一九七一—一九八五年），完成《大辭典》，並於一九八五年出版。

同時自創「中文標準漢字工程」，擺脫對日本人的依賴。

(2)從民初「打倒孔家店，把線裝書丟到茅坑裡」，到臺灣六〇年代的「全盤西化論」，和大陸的「文化大革命」，劉振強先生以堅強的信心，不為時代曲折所扭曲，毅然決定刊印「古籍今注新譯叢書」，以求「學術普及化」，並培養「通才器識」的抱負理想。

以上兩件時代文化的大事，再加上各學科專業專題的出版，三民書局在出版業界的傑出表現，將繼續持久發揮和輝煌壯大，當可預期也。

三、劉振強先生的人格特質與三民書局的典範領導

三民書局今日的成就或成果，與其領導創辦的人息息相關，其所留下的未來啟示，值得進一步深思。對劉振強先生個人的微觀分析與宏觀的文化現象結合在一起，方能凸顯他與三民書局前後歷史意義的真實價值。茲舉其中幾例以述之：

㈠**他的領導能力，啟示眾人「不怒而威，猶勝於怒而不威」**。創辦人的文化信念指引組織的發展方向，默默進行，不論有形或無形力量，自然匯合為一體，不至於只重外表形式的金錢或各種各樣的影響力，因此，這種領導方式的影響力，更為長遠，更為廣闊。我們可以期待，三民書局將來更有旁通統貫的文化影響力。

㈡**超越實用主義的價值情操，逐漸成為文化影響力的主導優勢：**劉振強先生不僅尊師重道，更顯現在他的「版稅優厚」與「預付稿費」的實踐中。當年他在重慶南路起造新樓時，並未因一九七三年能源危機，材料成本上漲，而虧待營造商，他主動表示願意增加營建費用，要求漲價。這種寧願自己吃虧，不去占人便宜的道家文化傳統，充分表現在他的實際生活作為，何況在文化創造成本中，他將「無形價值」高估於「有形價格」中，難得可貴，此或為四、五百年來，西方盛行迄今的實用主義當道文化，而仍流行於國際政治現實中。

㈢**「默會知識」(Tacit Knowledge)在劉振強先生的生命中默默體會實踐中，更表現在三民書局的不計成本，出版有意義，或做出有價值的工作，這才是真正的「貴氣流行」在劉振強先生的生命中，也充滿在三民書局的組織生命中。**他所創造的「社會資本」(Social Capital)非經濟成本所能衡量，而內在於人與人之間，人與社會互動之間，人與文化創造之間的「信守承諾」與「使命承擔」的實踐力行。這是西元兩千年左右，美國因「誠信危機」所引起的「社會資本」衰退的文化衰象。中華文化重視「誠者，天之道也；誠之者，人之道也」，人或組織都要自立實踐誠信，而不能將「誠」的道德價值實踐工具化、手段化或技術化。

㈣**儒家的「系統思考」與「三民書局」的文化實踐：**孔子的學生曾參所寫的一篇

學習心得《大學》，其中有一段話：「所惡於上，毋以使下；所惡於下，毋以事上；所惡於前，毋以先後；所惡於後，毋以從前；所惡於右，毋以交於左；所惡於左，毋以交於右」；此之謂「絜矩之道」。這種前後左右上下六個方面都警覺者，又叫「六合之道」。以追隨南懷瑾先生十五年的美國管理學名師彼得．聖吉（Peter Senge）的專詞來說，即是「系統思考」(systems thinking)。劉振強先生的創業精神，不僅具有注意細節「事必躬親」的機敏，而且更具有宏觀的歷史文化使命，有如上述；更懷抱自立自強的獨立自主精神，創設「中文漢字字模」，脫離依賴日本的工程。他的思維模式，充滿了這種「系統思考」，也就是儒家《大學》中所謂的「絜矩之道」或「六合之道」。以上四點，簡述大要，即能把握三民書局創辦人的創造能力和組織的「典範」方向。

四、舉世知名學者對中華文化價值的肯定，及三民書局默會中華文化價值的崛起趨勢

美國著名心理學家亞伯拉罕．馬斯洛(A. H. Maslow)臨終前一年（一九六九年）提及第六個需求，開創「超個人心理學」(Transpersonal Psychology)，他認為西方文化若要開創新的途徑，必須向東方文化吸取靈感，影響美國大學開設「儒家心理學」、「道家心理學」和「佛家心理學」……。另一美國社會心理學家強納森．海德特

(Jonathan Haidt) 在他的名著《好人總是自以為是：政治與宗教如何將我們四分五裂》（姚怡平譯，臺北市，網路與書出版，二〇一五年出版）中強調西方文明，自柏拉圖、蘇格拉底、亞里斯多德以來，至德國十八世紀的康德，以迄美國現代思想，過於偏向理性思考，影響一九九五年後美國大學反思修正，加強「理性」與「情感」並重的課程，而有丹尼爾．戈爾曼（Daniel Goleman）一書的出現：《情商：為什麼情商比智商更重要》（楊春曉譯，北京，中信出版，二〇一〇年出版）。這些都說明，以儒釋道為主流的中華文化傳統，一直都強調重視情理交融，不偏理性一方，以免流於「技術理性」當道，而使情與禮日漸流於形式主義。

尤其是一九七七年諾貝爾獎得主伊利亞．普里哥基尼（Ilya Prigogine）所提出的「渾沌理論」更值得全球注意。他說：「我們相信，我們正朝著一種新的綜合前進，朝著一種新的自然主義前進。也許我們最終能夠把西方的傳統（帶著它那實驗和定量表述的強調），與中國的傳統（帶著它那自發的、自組織的世界觀）結合起來。」

從上述可見，自西方八〇年代以來，重視並強調中華傳統文化世界觀（或典範 Paradigm）之學界重要觀點，可謂「不勝枚舉」。我們相信，三民書局的出版方向是暗合這一趨勢的發展，其前途是光明無量的。

五、結語：中美貿易戰的文化背景及世局演變趨勢中，三民書局在文化事業發展的中流砥柱

最近兩年，中美兩國的貿易戰，牽動全球的經濟發展。美國國務院政策規劃主任基倫．斯金納 (Kiron Skinner) 指出，龐培歐國務卿的團隊正在制定一項「基於與一個真正不同的文明作戰之理念」的戰略（指的就是中國），斯金納說：「這是一場美國以前從未經歷過的，面對一種完全不同的文明和意識形態的戰爭」；她又說：「上世紀與蘇聯的那種競爭，在某種程度上是西方家族的內部鬥爭，而現在是我們第一次面對一個強大的非白人的競爭對手。」

以上一段話十分清楚明白，兩岸問題與中國的崛起，放在中美或中西文化盛衰起伏的視角，比較能把當前許多次要且重要的各種問題，衡量清楚明白，一新耳目，也可以看出中華民族當代的歷史和文化使命。

感謝感恩的一堂課

宋德令

每想到劉振強叔叔，內心深處不禁便湧上一陣溫暖。

記憶中，幾十年如一日，每年大年初一，第一個按門鈴來拜年的，一定是劉叔叔，他與爸媽親切的對話，往往會吃一小碗糖芋頭（家鄉習慣）才告辭，時間不長，但我在旁邊感覺真的是「如沐春風」，好舒服好舒服。

劉叔叔是爸爸在一九五〇年成立的一家小書店的第一位夥計，那時我出生不久，媽媽忙著照顧我，有些趣事他曾經向我提及，所以他真是看著我長大的，我很珍視這一點。

最近二十多年我長住臺灣，常有機會拜望劉叔叔，他通常會要請我吃飯，席間他總喜歡講述他當年來我家應徵工作的經歷，他說：「我那天到了南昌街你家，看到來應徵的人已經有一二十人，心裡直打鼓，想我個子瘦小，學歷經驗也不足，只怕希望不大，卻不料輪到我面試時，幾句話後很快地你爸爸就決定用我，並輕聲對我說——我早就注意到你了，你一定沒問題的，明天就來上班，好不好？我喜出望外，所以你爸爸與我真是很有緣分。」這段話劉叔叔是百說不厭，而我也是百聽不厭。他是看到我，心裡高興，更想到我爸爸；我想念我爸爸的心情何嘗不是如此，那是奇妙的一刻。

後來因為一個特殊的原因，我爸爸只好辭退了劉叔叔，當時劉叔叔已經有心理準備，但是沒有想到，「你爸爸老早已經跟在重慶南路的一個大圖書公司的老闆講好了，讓我去他那邊任職，並對我說，我當然很捨不得你走，但是……，不過你放心，我跟那邊的老闆是老朋友了，在大陸正中書局他是我老部下，他公司的規模大，機會更多更廣，你就放心去吧。於是我一天都未耽擱，便去另外一個公司上班去了。」

劉叔叔到了那個大公司之後，因為他的聰明以及努力工作，很快就得到老闆的欣賞。他的做法是，公司經銷的書籍有數百種，所以他就先研究圖書目錄，先大致的了解圖書銷售的概況以後，有次序的，每天下班以後，帶了二十到三十本書，到他後面的睡覺的小房間去閱讀，主要去看每一本書的介紹文字、版權頁、定價、書的種類的屬性、作者的介紹等等，就這樣的手不釋卷、博覽群書，很快的，不但對大部分的書都有了概括性的了解，豐富了自己的知識，而且讀者上門來找書，別的同事都要花一段時間才找得到，然而他馬上就可以找到，當然顯得他的工作效率很高，後來許多讀者都直接就找他來服務，因此得到老闆的欣賞是自然而然的結果。

但是這也造成了一些副作用，因為他的精力時間都用在對公司銷售書籍的閱讀跟了解上，也就沒有時間參加其他同事們的一些休閒活動，後來就造成其他同事對他的嫉妒，並且排擠、欺負他，最後他決定離開了這個公司，自己創業，一九五三年成立三民書局。

三民書局在劉叔叔的主導之下，秉持務實、勤奮、誠實經營的精神，在十年的時間之內就進入重慶南路，成為上面一塊令人注目的招牌，自大學法律用書開始，後來出版的範圍逐步拓寬，許多案子的建立都不是建築在短期的利益上，「出版是大成本做小生意的行業」，是我記得劉叔叔特別強調的一個原則，要點是要「細水長流」。其中最特別具代表性的二個案子是《大辭典》及「造字工程」，不計成本投入，文化意義深遠，令人敬佩！

一九八八年媽媽在馬路上摔了一跤，造成頭顱內出血，幸蒙劉叔叔緊急安排，送媽媽到醫院，繳交一筆錢，馬上開刀，救回一命，我趕到醫院時，看到頭部包滿了紗布的媽媽，內心充滿恐懼及無限感謝！一九九六年在劉叔叔堅持之下，不顧舟車勞頓，親自來探望臥病在床的媽媽，看他耐心親切的問候，而媽媽的反應，居然也可以認得出他，我在旁不禁熱淚盈眶。

事實上爸爸與劉叔叔年歲相差二十年，但他們二人在一起總是自然、融洽得很，極像兄弟，是上天註定的吧！兩人出版理念相同，所出版的書都堅持買斷著作權來經營。

爸爸曾經特別告誡過我說，「你不要誤以為我對你劉叔叔有什麼天大的恩惠，其實我對他唯一的幫助就是，我引導他進入了出版這個行業，其實以你劉叔叔的能力，他做什麼行業都會成功的。」我謹記在心，對劉叔叔一向恭敬有加。

我長大成人之後，人事閱歷也較為成熟，因此更深刻的了解到，早已事業有成的劉叔叔每年第一個來拜年的不容易（是奇蹟）。聯想到小時候爸爸常對我說，人生在世幾十年，應該常常懷有感謝感恩的心，劉叔叔對待我爸爸媽媽，就是一個活生生的範例，教導我要感謝感恩，是一件無價之寶，我一輩子感謝他。

我永遠會想念我親愛的劉叔叔！

對劉董事長與三民書局的懷念與感謝

陳志華

大約是民國八十一年，劉董事長約集幾位學界同仁，在民生東路與復興北路交叉口附近的小餐館聚餐。這裡靠近臺北大學臺北校區，小餐館店名很秀氣，所提供的餐點中有一道野菜熬清粥，聽說香甜可口。經董事長特別介紹，大家品嘗後果然皆稱讚。席間更讓我們感受到董事長誠摯的對待。同時，董事長盛情邀約大家為三民書局寫教科書，大家都當場應允。

我的服務單位有三位同仁參加撰稿，兩位已交稿且出版多年，另外一位至今尚未交件。董事長曾兩次囑託我代為表達，我特別請同仁轉達，可迄今尚無結果，對此我感到很抱歉。

教科書出版後，董事長幾次到寒舍拜年，親炙謦欬，讓我至感榮幸。兩三年前，小餐館已他遷，而董事長誠懇的態度，與那道甘甜的清粥一樣，讓人懷念。

前次，我在《三民書局六十年》裡，曾蒙刊登〈三民書局早期幾本憲法類的書〉。不久即收到劉董事長的信。我將這封信視為是長者的審查意見，恭錄於此，或可一窺董事長的思想與襟懷：

承蒙惠賜〈三民書局早期幾本憲法類的書〉，不勝感激。拜讀佳章，詳徵博引論述精當洵屬上乘；對鄙局及弟之過譽，銘感五內，愧不敢當。其中又以中國政治史中對制度於治國之關係一段，深有戚戚焉。弟當年親自參與編輯薩先生之偉構，故特別有感觸，對薩先生於歷代政治制度之精闢見解，大為驚歎。今復見您論述秦、唐政治之良窳，並引薩先生云而得「秦是禽獸之國」結論，可謂一語中的，深以為然。

劉董事長字裡行間，透露著提攜後進晚生的心意。他回應拙作，多所鼓勵，溢美之詞使我感到十分榮幸，也愧不敢當。其實董事長對於法政等書籍的編輯，戮力研析，親力親為。幾次面聆教益，感到董事長對學界許多人的理論著述都相當清楚，言談間發人深省。

我在三民書局撰寫的都是憲法與行政法類教科書，除典章法制介紹，也著重實務解析。每次修訂，我多盡力記錄當時的法制改革、政策轉變。而讓人關心的是，憲政典範轉移應合乎實現正義的普遍法則，誠然是編寫憲法教科書的難處與挑戰。

西方國家奉行洛克與孟德斯鳩所創權力分立理論。美國率先落實，行政、立法與司法三者鼎立，總統為行政權的代表。英、日等內閣制國家，元首不列入行政範圍，行政權單一。我國憲法依據孫中山先生思想規劃，採五權分立，行政權之外還有掌握相當實權的總統。司法解釋還說總統為行政機關，甚至是最高行政首長；國民大會時期，乃有大法官指我國憲法上有七權。如此多重憲政架構，以洛克及孟氏理論去衡量，更形複雜，要做到權力分立與制衡是有困難。

此際，立法院四個黨團相繼提出修憲案，執政黨特別要大家思考三權與五權的政府體制的取捨。然今朝野人士多肯定我國體制為雙首長制，與一些國家同框並列，而往後修憲，不乏主張將監察院改為上議院，立法院為下議院，二者並為國會，則我國政府體制可與世界接軌。而立法院已經透過法律修訂改造考試權，主張廢除考試權者，卻要區隔政務官與事務官，再由行政院管轄政務官去留，由考試院考評事務官，難道不也承認考試權必須獨立自主。如是，三權與五權已難二分取捨。

我國總統時而兼任黨主席，或為黨政同步，或為以黨領政，又每每因敗選而辭去黨主席職務而難處。事實上總統與閣揆除法定會議外，每週會面諮商，總統更有許多面對民眾的機會。執政黨黨主席已曾一年多專任，並非由總統兼任，其憲政意涵值得思考。憲法明定，行政院對立法院負責，政策成敗理應由行政院及閣揆擔負，即使選舉後總統與立法院多數分屬敵對的政黨，分裂投票結果並未動搖政治責任的主軸。民意之所趨，何來「朝小野大」之說。

我有幸參加三民書局憲法教科書的編寫，每次憲法修改或重大解釋出爐，編輯部同仁就會通知修訂改版。增訂法條與解釋容易，但憲法是否精神改變、典範轉移，卻難以捉摸。而輿論與黨諍往往形成所謂主流民意，且影響甚鉅。

一〇七年年底縣市長選舉過後，中央與地方因權限不斷引爆衝突，卻各有所本，甚至都依據相同的法規（如空汙法）。法令難行，其奈憲法何。地方自治條例有無牴觸中央法律，原有多重管道可以解決，聲請大法官解釋即是最重要的一種。大法官審理案件法，於一〇八年初修正公布為憲法訴訟法，由原來職司憲法解釋的大法官組成憲法法庭審理爭訟，包括權限爭議，解決途徑更加周全，相信撰寫教科書可以減少想像空間。

社會科學門是社會制度實然 (to be) 與應然 (ought to be) 的討論。然則洛克的論述有法國路易十四、英國詹姆士二世專制的時空背景，是基於經驗主義，為確保法治。憲政不是存廢有無 (to be or not to be) 的選擇，而有其社會經濟的根源。三民書局出版各種法政類書刊，提供各界從經驗省思憲政發展的方向，法治之提升有望。

二〇一二年，我有機會參與《新修彰化縣志》的撰稿工作，負責「自治與選舉篇」的撰寫。我即想到三民書局的政府出版品展書部分尋找，發現三民書局不拒涓流，連鄉村史料都盡力蒐集展示，因此每次訪尋都可以找到相關資料與線索，二〇一八年所參與的方志得以順利出版。

劉董事長與三民書局對文化的貢獻以及對學者的幫助，令人感念敬佩。

永遠的劉振強先生

周玉山

民國一〇六年一月二十三日，劉振強先生與世長辭，享年八十有五。二月二十四日，他入土為安。

劉先生是三民書局的創辦人，民國四十二年書局成立時，他僅二十一歲。這樣的年齡，大學生或許還在織夢，他則要面對事業的存亡，也就是日後的成敗，沒有任何倚靠。十七歲那年，他隻身來臺，一無所有，但憑「為者常成」的信念，展開奮鬥的一生，終於造就一個出版王國，以及巨人的地位，其中的血汗與智慧，一直沒有詳細的紀錄，只能說明其低調。

今天的讀者，來到臺北市重慶南路和復興北路，仰望三民書局兩高樓，很難想像昔日的微末。或許正因走過貧困，劉先生特別照顧有志青年，似乎從他們身上，看到過去的自己。其實，現在已經沒有流亡學生了，但他仍為四百多位員工，提供免費的伙食，唯恐他們挨餓；資深的員工，更難忘免費的宿舍，甚至結婚的贈房。劉先生成為他們在臺北的慈父，以及此生的恩人，這位恩人不菸不酒不茶，恆飲白開水，做一輩子的苦行僧，善待每一位有緣人。

三民書局的本版書，已經突破一萬種。這個數字的背後，是劉先生的苦心經營，禮遇作者，無求於官方。他集耿介、幹練與熱情於一身，篤信出版自由，但不印聳人聽聞的書，一本也沒有。民國三十八年後，中華民族的哭聲和血痕，讓劉先生一去不回故土，一如我的父親。他旅世八十五載，前十七年在大陸，後六十八年在臺灣，後者恰為前者的四倍，心力盡瘁於斯。眾人皆知，中文書的廣大市場，在彼而不在此，他則不為所動，這樣的堅持，已經絕版了。

三民書局的黃皮書，走向讀者的記憶深處，當年則為信賴的象徵。元朝作家王和卿的詞句，「柳梢淡淡鵝黃染」，浮現在陳長文先生的腦海，因而聯想成篇。黃皮書是大學用書，從法政到財經，加之社會學等，貼近臺灣的地氣，兼具國際的視野，開啟了師生的眼界。劉先生由此轉盈，不能忘情於文學，於是推出三民文庫，後來又有滄海叢刊、三民叢刊、世紀文庫等，合計一千多種，頗收萬花撩亂之趣。這些書高質低價，他又常預付稿費，讓作者備感溫暖，不知吞下多少赤字，卻只見他若無其事。

三民書局的藍皮書，即古籍今注新譯，加排注音符號，解決了古書難讀的問題。

從《新譯四書讀本》，到四十卷的《新譯資治通鑑》，透過劉先生的安排，喚醒了千萬個現代的靈魂，直追經典的奧祕，發現是如此便利。新版的中國古典名著、國學大叢書、中國現代史叢書、日本學叢書、文明叢書、國別史等，則讓讀者遍覽古今，神遊中外。三民書局的外牆，曾經高懸十個大字：「打開一本書，看見全世界。」六十四年來，他造就一萬種本版書，中文世界因此更寬闊了。

劉先生走後不久，四卷的《大辭典》增訂出版，似在延續他的生命。這套一千七百多萬字的大書，歷經十年重修，如今置於靈前，足以告慰他的念茲在茲。莊子說：「生為徭役，死為休息。」他有功於文化，無愧於天地，我的哀傷終將平息。

我們的劉振強先生

周玉山

民國一〇六年二月二十四日，臺北竟日苦雨。

上午八時，我到二殯的懷恩廳，見劉振強先生最後一面，此時門口已排成長龍，安靜中益顯哀戚。靈堂上的照片，劉先生手撫《大辭典》，笑得燦爛開懷，似乎沖淡些許悲傷，但家屬一直哭泣。我最難過的是，劉先生這麼快就走了。

四年前，劉先生邀我主編《三民書局六十年》，那時他非常健康，表現在健談上，往往兩小時不稍休。該書近六百頁，收入一百三十多位作者與編者的佳文，但仍大量遺珠，因為三民的本版書上萬種，作者多達數千位。我原本期待，將來主編《三民書局七十年》，彌補此憾，並祝劉先生更為長壽。想不到，如今要以沉痛的心情，面對他的離去。

劉先生一輩子低調，助人不求回報，生前特別交代，不要勞煩各界，因此不辦公祭。但是，受惠者實在太多，聞訊趕來近千人，送他最後一程，以致上午十時過後，方能啟靈。雨越來越大，三芝山上的風更見強勁，父親和母親走後，我第一次在淒風苦雨中送行，近年擔心的事終於發生，多少的往事，一路湧上心頭。

三民書局成立於民國四十二年，地址在臺北市衡陽路四十六號，規模粗具。劉先生告訴我，民國四十六年，他與父親初次見面，相談甚歡。那一年，父親五十一歲，他只有二十五歲，堪稱忘年之交。劉先生有許多大朋友，讓他如讀大書，欲罷不能，後來大家成為老朋友，甚至是生死之交。

民國五十年，父親轉赴政大任教，至民國七十七年辭世前，已是三民的長期作者，與劉先生的友誼更篤。那時書局已遷至重慶南路一段，先後在七十七號與六十一號，蔚為臺灣出版的重鎮。父親時常從市區返家，告訴我們，到三民書局，和劉先生無所不談，話題當然包括了子女。他們交換喜訊與憂心，以致劉先生和我也成為忘年之交前，已經知我甚深。

民國五十七年，我不顧父親的勸阻，放棄高中最後一年的學業，休學在家，準備以同等學力，參加來年的大學聯考。劉先生知道此事後，笑而不宣，送我一本《新譯四書讀本》。稍早，近在書局咫尺的周夢蝶先生，已送一本王國維的《人間詞話》，還題簽「玉山契弟神會，夢蝶敬貽」。少年時代的贈書，有如盛宴，終身難忘，我與兩位的情誼，分別延續了半個世紀。

當時的高中國文課，包括「中華文化基本教材」，內容就是四書精華。三民的讀本，首推原文加排注音符號，又有章旨、注釋和語譯，頗利於自修，對我這個「失學少年」來說，可謂荒漠甘泉。我報考的社會組，包括國文、英文、數學、歷史、地理、三民主義，除了數學，都是文科。我在極度失控下，完全放棄數學，自修其他五科，深感掛一漏萬，考後自慚不用功，所幸錄取輔仁大學法律學系，父親和劉先生都鬆了一口氣。

當年臺灣的大學生，幾乎都是三民的讀者，鵝黃封面的大學用書，引領了一個世代的思潮。劉先生親口告訴我們，父親的《國父思想》，在三民所有本版書中銷售第一，第二則為陸民仁教授的《經濟學》。那時的大學生必修國父思想，國家考試也必考國父遺教，父親的著作首重學術，言所當言，又不難讀，所以選用者眾。劉先生對父親的感激，報答在我們祖孫三代身上，此情綿延不絕。

民國七十七年十一月十四日，父親心臟病發，彌留之際，第一位趕到三軍總醫院的朋友，就是劉先生。他淚流滿面，不能自已，時距兩人初識，超過三十年。此後將近三十年，我繼承父親，和他無所不談，也因此受惠後半生。

民國七十二年至今，三民為我出版六本書，尚不包括主編和修訂者。每一本書稿，劉先生都一口答應，都免送審，也都先付稿費，這樣的寬厚，必然是獨家。其中《大陸文藝新探》，承蒙羅宗濤教授推薦，幸獲國家文藝獎，讓我這個「業餘文學青年」，得到最大的鼓勵。學生說我寬厚，此語若能成立，無非是見賢思齊，報恩兼及有緣人。劉先生給我的啟示，來自言教與身教。

我們這一代，幾乎無人能及父輩的至苦；我們下一代，更幾乎無人能及祖輩的極痛。劉先生在我面前，則把半個多世紀的辛苦萬狀，化為談笑風生。民國八十二年，三民新增大樓，他改在復興北路三百八十六號上班，空間寬敞，更利會客。此後我們平均一年兩晤，每次兩小時，合計約一百小時，都是珍貴的記憶。

每臨大事，我必請教劉先生。談起工作，他謙稱自己「做小生意」，但最尊敬讀書人，也最感謝學者的支持。我聞此言，從政大提早退休後，決定續謀教職，不作他想，遂在世新大學，度過充實愉快的十一年。談到擇偶，他提出「排除法」，某幾種身分者不宜，某幾種個性者不宜，完全經得起考驗，很多人因此，享有幸福的婚姻生活。

談到子女的教育，他建議儒兒，報考逢甲大學保險學研究所，因為該所的歷史悠久，師資又佳。儒兒就讀後，證實此言不虛，在碩士論文的扉頁上，特別感謝劉爺爺。他收到後，欣慰之情溢於言表，慨贈名筆，這正是後生之所愛。這樣的學歷，使得儒兒找到好工作，恰巧就在三民新大樓的對面，午休時，每為書海的泳者。他走了，儒兒和我一樣掉下淚來。

劉先生為父親和我，以及陽山弟，出了近四十種書，其中包括新版的修訂，同仁都認真至極。他為讀者出版了上萬種書，每一種皆屬正派，卻能暢銷或長銷，證明臺灣高水準的一面，也提升了中文世界的品質。他是我們一家的劉先生、劉伯伯和劉爺爺，從民國四十六年到一〇六年，整整一甲子，非比尋常，再也無雙。

他更是我們大家的劉先生，無論如何低調，各界都因他的離去而震驚，如黃碧端教授所言，感到巨大的哀傷，懷念的文字遂不絕於報刊。他後繼有人，仲傑兄告訴我，將一如乃父，顧好書局，獻身出版，直到生命的最後一天。聽聞此言，我的哀傷漸淡，轉為祝福。

祝劉先生天上平安，也祝大家人間好讀。

重逢的驚豔

楊茂勳

民國一〇九年三月中旬，黃祕書通知我，三民書局總經理劉仲傑先生為了紀念父親劉振強先生，邀我寫些感想及回憶，乍聞其噩甚感錯愕及惶恐。老董事長在臺灣文化出版界聲譽卓著，無人能出其右，且其為人處世的謙卑與寬宏，是我心中尊敬的典範，有緣身為他晚年的心臟科醫師，承蒙他的厚愛及信任，不勝榮幸和感激之至。

一〇四年三月初，老先生到石牌振興醫院心臟內科門診，我請他坐，幫他量了血壓，他笑笑地跟我說，是魏崢院長要他來看我的，在我眼前這白髮蒼蒼的長者，好像長年未見的老朋友，為何我沒有印象？聽他說完之後，我才豁然記起，原來是三民書局的董事長劉振強先生，十六年前因冠心病在振興醫院接受冠狀動脈繞道手術，術前的診斷及冠脈攝影是我幫他做的檢查，術後一直在心臟外科魏院長門診追蹤治療，多年未見，今日重逢恍如昨日。

老先生十多年來狀況都很穩定，最近有些不適，經電腦斷層檢查後，發現原來的血管及繞接的管道均有明顯的阻塞，因為年紀及體能已不堪負荷再次外科手術，要我確認是否還有其他治療的方式，他說：「我身體還算硬朗，希望可以多活幾年，把想做的事可以一一完成。」並且很鄭重的告訴我：「我相信你，不管結果如何，我跟我的子女都交代清楚了，絕不可以為難你。」我把資料彙整並安排住院日期，起身前，我告訴他我持有三民書局的貴賓卡，他滿面笑容跟我說：「下次來的時候，打個電話就好了。」我是個愛書人，每隔一兩個星期都會到重慶南路一段逛書店，從來不會空手離開，數十年如一日，有人說女人的衣櫃永遠少一件衣服，我的書櫃永遠缺一本書，其實買書才是這段緣分的開端。

三月十一日住院進行心導管冠狀動脈攝影，確認十六年前繞道的血管及原有的冠狀動脈有明顯的阻塞，由於外科不宜再動手術，目前僅存的治療就是藥物及介入性支架置放。八十多歲的人，血管路徑彎曲，硬化及冠脈的出口扭曲，支架置放有其難度，相對的危險也增加，平常的支架術中，若有危急狀況外科可以做緊急手術支援，由於不宜再度手術，所以此次導管治療，對醫生壓力倍增，猶如雙方作戰無路可退，所以當事人、家屬及醫生必須取得徹底的理解及共識，畢竟是人命關天，豈可造次，何況董事長家大業大，必須謹慎從長計議。當時我跟仲傑兄及其大姊念華說明，現在狀況穩定，支架置放可以暫緩施行，眼前要做的是預留一些時間，讓家裡全部取得共識，且家庭及事業體的傳承及永續經營，必先安排妥當，再行手術；這麼多年來我總認為術前準備周全，鉅細靡遺，就不會有意外，董事長欣然同意，等一切就緒後再做支架治療。

一個月後手術按原訂計畫施行，家人及醫護雙方都嚴陣以待，董事長泰然自若的說：「這次多虧有你，辛苦你了！謝謝你！」這種體驗非常難得，深有你做事我放心的感覺。事實上術前在例行的心臟內外科聯合討論會上，也再度確認支架治療的必要性，手術的風險及可能的結果也跟家屬做了詳細的解說。

手術僅需手腕部橈動脈經行處局部麻醉，全程董事長是清醒著，我提醒他打麻醉針時會疼，整個過程不致有太大的難過，要有的話就告訴我，手術時間約一到二個小時，可以閉目養神，我請他放心，他笑著說：「你放心做你的事，我相信你！」手術約一個半鐘頭順利結束，我給董事長看全程的錄影，他一再的感謝，其實我打心底高興的是這件事終於完成了，我請家屬進到導管室看錄影帶，解說手術概況，念華一聽我說手術順利做成了，竟情不自禁的哭出聲來，父女情深，溢於言表，著實令人動容。

出院一星期回診，一切都很正常，董事長一再感謝整個醫療團隊的用心及安排，他深知此次手術的難度，但手術非動不可，所以一再交代家人，無論結果如何，都要感謝楊大夫，這樣的胸襟在現實的醫療環境有如鳳毛麟角，已經很少見，我相信他對整個團隊的信任及自信，的確是此次治療成功的關鍵。

有天晚上，我突然接到仲傑兄的電話，他說有事要到家裡來請教我，此來的目的，我們彼此都心知肚明，我直接跟他說：「不用客氣，這是我應該做的。」他說：「我現在就在你家樓下，你總得讓我上來坐坐。」我住在四樓沒有電梯的老舊婦聯會捐贈的職務官舍，還真不好意思請他上來坐，隨即下樓，仲傑兄面有難色的說：「楊大夫我深知你的為人，這是我老爸的心意，請你務必收下，好讓他老人家安心。」「真的不用客氣，我不能收你的禮，令尊一生所做的是利益眾生的事業，對社會及文化出版界的貢獻是人人皆知，有目共睹；以他對我們的信任，讓我們有機會為他服務，把心臟問題解決就是最好的報酬，我收下你的好意，請你把禮金收回，代我跟董事長說聲謝謝！」「我出門前老先生特別叮囑務必把這件事辦妥，你這樣我回去無法交差，真的父命難違。」雙方你來我往僵持不下，最後我只好接受，第二天以三民書局的名義交給醫院社服課長，請她開立二十萬的發票及感謝狀給董事長。真正的財富不是你持有的，永生的財富是你施捨得來的，謝謝你！董事長，受教了。

中國人有句諺語：「滴水之恩，湧泉以報。」我說的是諺語，可就這樣活生生的

在我的生命中上演，人世間真有這樣的人，用生命來示現，把紅塵當道場，鍥而不捨，
去善待每一個在他生命中遇見的人。

三民書局與我

陳瓊花

情繫三民

一直到去年退休前，我所僅出版的四本專書，全都在三民的協助下完成。這四本分別為《藝術概論》、《兒童與青少年如何說畫》、《視覺藝術教育》、《藝術、性別與教育》。從一九九五年到二〇一二年，《藝術概論》增修訂三版十七年間的歷程，是個人在藝術教育學術界不斷探索點滴疑問下，所產出結果的彙集。每一本都有著其獨特的脈絡與時空，但本本間都是一段段與三民不斷的情緣。一九九五年是三民擬為高職生出版《藝術概論》，透過師大美術系同事的邀約而參與。二〇〇〇年的《兒童與青少年如何說畫》，則是因為個人升等所需，三民跨刀出版非通識的學術研究。二〇〇四年的《視覺藝術教育》是彙整多年的研究成果，三民再次不計銷售鼎力相助。二〇一二年，為國科會（即現在的科技部）的研究成果尋求具備專書審查的出版，三民再次拔刀力挺。

三民找上我，到我找三民，其實，是一種專業品牌的選擇。走過六十七年歷史的三民，所代表的是臺灣出版業的口碑。自從一九五三年創立至今，劉先生一生的堅持、價值信念，造就三民無可匹敵的獨特性。因此，我選擇了三民。茲從「獨特的書體」、「嚴謹的編輯」、「專業的尊重」、「長久的聯繫」，來說明我的情繫。

獨特的書體

初次有機會受到劉振強先生的邀請，到復興北路的大樓參觀，可以很深刻的感受到，劉先生對於所獨創自有書體的用心、在意與自豪。在那一天，我們逗留最久，觀賞最深，討論最多的就是有關三民的書體。這種書體之所以產生，應該是當年電腦尚未普及，劉先生基於其本身書法的素養，開闢綜合多家書體優點而為三民特有的鉛字版。這樣的作為，其實是非常巨大的工程，可以想像必須創造多少的字，才足敷使用。但是，也正因為如此，所以創造三民在出版界能具有特殊風格的重要因素。目前，無論什麼種類的圖書，相信讀者一看書體，就可以知道是哪一家的出版。猶如藝術家的創作，從其用筆、用墨、用色、主題與構圖等因素，綜合所形成的特徵，可以具體的體驗到風格的存在。勿庸置疑的，獨特的書體，讓三民風格獨具。

發表學術研究的成果，對一位從事學術工作者而言，就彷彿是新生命的誕生。當新生命出來時，總希望能讓他受到最好的照顧。因此，具風格特色的三民，自然是最佳的選項。

嚴謹的編輯

近年來，國科會（二〇一四年改為科技部）獎勵研究專書出版。有關出版人文學及社會學科專書相關的辦法，是從二〇一二年起，國科會補助臺大所成立的「人文社會科學研究中心」來處理，以提昇國內學術性專書的品質。各公私立大專院校及研究機構、經科技部認可之法人學術研究機構、或具有審查出版專書經驗之民間出版社，得依專書性質，向該中心申請補助。對於作者而言，這是非常重要的一環。倘若出版公司能有學術專業審查的機制，研究在這樣的公司出版，才能獲得學術認可。

當時，這樣的辦法才開始，各相關的機構都還在調適，並沒有如此的審查經驗與制度，更何況是出版社。然而，我身邊正好完成國科會專案研究「藝術、性別與教育」，必須正式發表。於是，特別與三民研討，商請外送三位學者審查，由我來支付審查費用。結果，三民不但應允，且是由公司支付審查費。從此，可以了解三民在編輯發展上，追求嚴謹性的自我期待。

專業的尊重

雖然，學術研究成果的發表，所強調的是內容。但是，因為自己是藝術專業背景，對於專書封面的設計，總希望能夠有所參與或是著力。記得，當我提出這樣的希望時，三民的編輯部，二話不說，負責美工的同仁，總是非常有耐性的，提出不同的設計方案來徵詢我的意見，然後盡量的參採。過程中，無數來回的交換想法，編輯同仁們總是耐性的進行修正或調整，充分展現出對於藝術專業的絕對尊重。

尤其，最難得的，其中一本專書《視覺藝術教育》的封面，居然同意完全任我來進行設計。於是，從初步的版面安排、整體構圖、字體形態、色彩運用、到三民 logo 的位置等等，在美工同仁的多方支持下，具體完成，擁有了一本著作其裡外都屬於自己所想要傳達的美感與想法。至今，看到這本書，不免有著特別的情懷。三民不只尊重專業，且促進專業的發展。

長久的聯繫

劉振強先生重視情誼，照顧公司同仁，樂善好施，常有耳聞。譬如，《民報》二〇一七年二月八日載，教育部前次長黃碧端教授就曾經提到，劉先生主動協助有困難的學者買房；或是劉先生自述，年輕孩子在書店偷書被撞，他以贈書及鼓勵代罰，數年之後，巧遇這孩子請他吃牛肉麵的故事等，在在都可以感受到劉先生為人處事的溫暖行誼。

我個人比較切身的體會與感受，是自一九九五年起二十五年以來，每當過農曆年時，三民總會有同仁送來劉先生餽贈節敬年禮。明確的銀貨兩訖，並不是三民的企業精神與價值。「我們都是一家人」，從工作同仁、作者到讀者之間的緊密連結、長久聯繫才是。

結語

三民在劉振強先生畢生心血的建構下，有如一艘巨大宏觀的航母，穩健滿載無量的經典著作與智慧。有機會與三民結緣，是學術人的幸福。三言兩語，實在道不盡對三民的謝意。當然，這份感激之情是永在我心。

雖然，劉振強先生已離去，相信經由總經理劉仲傑先生的續航，隨著數位化的多元邁進，三民的因應與新創，必然是精彩可期、一帆風順。

有關三民書局與劉振強先生的一些點滴記憶

蕭雄淋

二〇一七年二月八日，大女兒告知，三民書局創辦人劉振強先生過世，當時我震驚莫名，網路一查，才知道這件事是真的。

怎麼會這樣？二〇一六年年底我給劉先生寫賀年信，他還是有回函的，這樣事先一點徵兆都沒有，令人感到非常突然。

記得在劉先生過世的幾年前，我協調一件名詩詞家葉嘉瑩教授與三民書局的著作權糾紛，也承辦一件三民書局告李澤厚，確認三民書局著作財產權存在的訴訟，當時劉先生還是非常健康，非常健談，而且他說每天都要跑步五千公尺。

後來，在慶祝葉嘉瑩教授九十華誕，晚餐時，我還與劉先生、遠流出版社的董事長王榮文同坐一桌，當時劉先生還步履如飛，神清氣爽的，沒有想到這麼快辭世。

由於我大學是唸法律，可以說是唸三民書局的教科書長大的。因為法律教科書至少有半數是三民書局出版的，所以對三民書局非常有感情。

研究所畢業後，民國七十年，我開始出版兩本著作權書籍，就由三民書局總經銷。此後十幾年，我的著作權法著作，都是自行印刷由三民書局總經銷。當時三民書局給我的條件是六折現金。當時我一年可能在賣書上淨賺個三、五十萬元，以我當時剛步入社會，沒有執業律師，經濟不佳的情況下，這些錢可說對生活不無小補，因而對三民書局深深感激。

在執業律師後，民國八十幾年，發生兩件著作權糾紛，我的當事人是三民書局的對造，一件我方是告訴人，一件我方是被告，事情都獲得解決。後來，三民書局為了與錢穆教授及其他的糾紛，主管法務部門職員，偶而都會來找我諮詢著作權法問題。直到最近幾年，處理三民書局與葉嘉瑩教授以及旅美大陸作家李澤厚的著作權糾紛，我才與劉先生有過長談。

我對劉先生的印象是，他很尊重專業，很尊敬學者，非常重視著作權。他對所有有關與作者的出版契約、文件、收據都保存得非常好。很早期出版的書籍，都還去登記著作權。很少出版經營者像他一樣長期對法律文件、證物鉅細靡遺地保存著，也很少有出版經營者，像他那麼樣重視著作權。

在我的印象中，出版和書店經營上，他的特色就是現金交易。凡出版社書籍進貨給三民書局，三民書局給付現金。而作者幫三民書局寫書，一般也先給付一半稿費，交稿後再給付一半，而且買斷著作權。這是三民書局的經營特色，所以很多出版社非常樂意和三民書局打交道。

劉先生對出版有使命感，幾年前他就說了，在出版不景氣的時代，如果他把門市和出版部的大樓都出租給別人，租金都比他做門市和出版社賺的還多，但是他放不下出版，甚至把他在美國有高收入的兒子找回臺灣，來接續他的出版事業。

劉先生雖然出生在中國大陸，但是對臺灣的感情，比土生土長的臺灣人還要深厚。他甚至沒有回去過中國大陸，一生的事業、朋友都在臺灣。

他說，他年輕時一個人來臺灣，當時生活困難，三餐不繼，是一位本省籍的老太太收留他。那位老太太待他像兒子一樣，甚至比她自己的兒子還好。

老太太自己和她兒子吃的是蕃薯飯，而當時的劉先生吃的是白飯。老太太的兒子年幼不懂事，提出質疑，被老太太當場斥責：「囝仔人惦惦，卡緊呷。」劉先生知道，本省人的習俗是，要留最好的東西給客人，自己的小孩吃差一點沒有關係。

這讓劉先生非常感動，直到劉先生事業有成，常去看老太太，老太太過世，還替她買了幾百坪土地作為墓園，這是一個動人而少為人知的故事。

三民書局出版超過一萬種書籍，絕大多數是好書，我至少也買過六、七百本。那套藍皮的古典名著譯注本，我幾乎整套都買。

三民書局是臺灣書店界和出版界的少數龍頭之一，劉先生為人是非分明，有恩必報，對後輩像是一個仁厚的長者，他的辭世，令人唏噓不已。我以一首七言絕句悼念他：

辭別劉公甫數年，
驚聞長者已長眠。
痛哭出版方城破，
永記臺灣一大賢。

懷念一位在臺灣土地上刻字的人

謝小韞

三民書局董事長劉振強先生日前過世，他是出版界備受敬重的鉅子，不凡的一生，見證了臺灣出版界如何胼手胝足，一步步為臺灣的知識產業打下堅實的基礎。

劉董事長於民國三十八年間隨國軍撤退來臺，在舉目無親、身無分文的情形下，靠著堅強的意志與絕不服輸的個性，奮力打拚，民國四十二年與另外二位朋友攜手創立三民書局，「三民」即取自「三個小民」之意。先於臺北衡陽路開設第一家書店，逐步奠定基礎後，喬遷至重慶南路營業，後在復興北路也開設了門市。

三民書局早期出版法律及政治類的大學用書，所印行的「三民文庫」、「古籍今注新譯叢書」等套書，影響深遠，幾乎所有的學子書架上必有三民出版的書籍。臺灣在五、六十年代亟需建設之際，三民不但整理古籍，而且有計畫的持續延攬各大學教授，撰寫各類學術論著，對知識普及化，提升學術水準，培養人才，貢獻有口皆碑。民國六十四年，劉董事長又進一步成立關係企業東大圖書公司，專門出版哲學、人文、藝術、兒童、青少年讀物等書籍，將社會科學的出版領域擴張得更為完整。

三民成立至今逾一甲子，總計已出版萬種書籍。其門市是全臺擁有最完整書目的書店，包括堪稱冷門的政府出版品，也極為完整，一般民眾上門去找要買的書，都可順利覓得。二十年前網路書店興起，三民不落人後，開拓網路書店通路，初期不順，後來漸入佳境，目前有百萬種書目提供，已與博客來網路書店並駕齊驅了。

最為出版界津津樂道的三民《大辭典》，應是劉董事長出版事業的代表之作。民國六十年開始籌劃編印，前後耗時十四年，編纂者超過百人，從研擬體例、蒐集資料、考訂典故等費盡心力，又自鑄鉛字排版，用鉛七十噸，完成了臺灣人第一部自行鑄字、印刷、編排的辭典。

他在編印的過程中，筆者正任職於行政院新聞局出版處，他特地約我去看，三民如何為臺灣出版業開發中文字體的大工程。猶記，他曾表示，臺灣的出版界所用中文銅模，都是來自日本，同是宋體，其書寫體例卻並不符合中文的書法架構，字形也有欠美觀，他並強調，臺灣出版業仍然使用日本的字模，乃是國恥，因此，他要以最大的財力與毅力，來研發正體的中文印刷字體。

他劍及履及，說到做到，開始積極研發，另行購製模機鑄字模，聘人刻寫中文字體，所聘請的美術人員用一筆一畫勾勒中文字。我在現場，看到一整個房間裡的美術人員埋首工作，個個聚精會神的用毛筆將每一個中文字，一筆筆慢慢勾寫在如Ａ３大小的白紙上，一張紙一個字，一個字要勾寫好幾小時，甚至好幾天。我看得目瞪口呆，不禁心想，這樣慢慢刻劃，要花多久時間才能寫完所有的中文字啊？

他告訴我說，他的研發工作已失敗多次，究竟要花多久時間方能竣工，他自己也無從估算，但是無論如何，非得把它完成不可。其實，在開發的過程，出版業並不怎麼看好，咸認為這只是在燒錢。這項大工程光是鑄字模，就花了八年時間，從開始籌劃的十五年後，他終於大功告成，獲得了金鼎獎特別貢獻獎的殊榮。這部辭典固是金錢堆積成的，但更是他一生理想與毅力的心血結晶，更為臺灣出版界爭了一口氣。

他對知識之珍惜與重視，不只展現在出版品類型多以整理學術理論及深耕基礎為主，而且更展現在對知識分子的尊重。為三民撰寫各類教科書及學術論著的各大專院校老師，是三民的重要知識網絡，劉董事長無不待之如上賓，執禮甚恭，所支付的稿費及版稅從不怠慢，是業界公認的模範生。

對人的尊重，也許來自於其個人的成長經驗。他曾對我說，民國三十八年隨國軍撤退來臺時，他只是一個孑然一身的十七歲少年，既無軍人身分，也無親人可依，流落街頭，三餐不繼，甚至差點餓死，幸有素不相識的一位本省籍路人搭救，攜其回家同住，讓他撿回一命。對此救命之恩，他用一生來回報，不但沒有省籍情結，在其事業成功後竭力回饋恩人，甚至報答之心，也及於恩人的後代。他在回顧此事的時候，眼中閃爍著滄桑後的動人光芒。

臺灣在六、七十年代可說百廢待興，在資源匱乏之下，出版業個個戰戰兢兢，努力開疆闢土。一些大出版社如商務印書館、正中書局、三民書局、聯經公司、時報出版公司等負責人，都望重士林，也都懷抱遠大理想，以出版重要學術論著或經典書籍為職志。各出版社之間互重互敬，普遍支持和參與政府的閱讀推廣政策，當時行政院新聞局每年辦理的全國巡迴書展，例由民間出版社承辦，全力在各縣市推廣閱讀。第一屆臺北國際書展，也是在這種官民合作無間的模式下，先由新聞局策展成功，再由民間出版社輪流接手，多年後才逐漸交手給民間基金會辦理迄今。

筆者在新聞局出版處工作近十年，歷經唐啟明、黎模斌、洪德璇三位處長，與出版界頗多業務往來，因而與各大出版社負責人之聯繫亦多，對他們戮力推廣臺灣閱讀市場，以及始終秉持傳遞知識的胸懷，知之甚深，極為敬重。四十年來，臺灣內外環境劇變，出版業的改變何嘗不然？但是前人所樹立的典範，仍一一銘刻在這塊土地上，而劉董事長就是一生在為出版奠基的人，他默默地、堅毅地，在這塊滋養他的土地上，一筆筆的刻字，作為其飲水思源的最大回報！

憶當年同時話當下的出版事業

陳清河

前言

在教科書仍是每位大學生核心知識來源的時代，三民書局因為出過很多大學用書，形容是大家共同的記憶應頗為貼切；頗為榮幸的是，個人於二〇〇八年所撰述的《後電子媒介時代》一書也被納入其中。也因為此一緣分，如今能為這家走過一甲子又是重慶南路仍碩果僅存的書店，闡述一些「憶當年話當下出版事業」的感想，特別有意義。

線上與線下書店的並存趨勢

科技因素讓閱讀及消費習慣的轉變，近十年的時間已讓不少實體書店大受影響，平面出版產業急遽的式微是否能有回升的空間，眾人常抱以悲觀的看法。然而，由最近許多線上線下與商業機制複合型書店的成功經驗，讓業界開始思考面對夕陽的平面出版產業，如可改弦易轍仍有彩霞照滿天的想像。

再過三年就要邁入七十載的三民書局，由於及時搭上網路書店的經營，不但在重慶南路及復興北路擁有兩家書店，而且屹立不搖，就是最具代表的例子。三民書局完全印證平面出版產業想要脫胎換骨，必須將此一人類熟悉的倩影，轉移到陌生的數位閱讀載具相關舞臺上表演。亦即，平面出版產業必須想方設法，將原本的圖像與文字內容，採取數位出版的模式，不只擁有出版及通路，也要同時兼顧數位經銷發行才可另創市場。可以預見，傳統書局的出版行銷方式，須融入網路行銷與社群操作等機制，經由數位轉換相關作為，朝向非直接介面的方式接近消費群，讓熱衷閱讀的人口逐步產生情感轉型，才可尋求其更多的生命出口。

作者結構與內容形式的改變

傳統出版與數位出版除了印製與發行模式的差異之外，較大的區別是作者結構與內容形式的改變。觀察近年來出版作者的結構不難發現，過往出一本專書或雜誌，受限於出版法與大量發行的規範與需求，作者大多偏向學者、名人或專家；如今在出版自由的環境中，結合出版的成本降低、印刷效率與數位趨勢等因素，有更多的素人或達人，也可藉由出版的工具分享人生經驗。

傳統出版與數位出版在內容形式的改變，在於傳統出版基於大量發行，必須強調事前的開版製版與印前作業規劃，從設計、照相、製版、印刷、印後加工，每道程序皆有其制式的要求。至於數位出版的處理流程，就類似辦公室或家內的印表機，並不需要製版也可以配合需求量印刷，可省略製版的步驟。但因數位工具的進化，可讓排版的圖文多樣呈現，甚至考量擴增實境的元素融入文本內容，以增加閱讀情境的趣味。

除此之外，數位出版在內容形式的改變，不但可加入更多的圖文設計、線上超連結、遠端支援以及線上協同作業；尤其是在出版內容的更替與社群的加持，更讓網站閱讀逐步使情境脈絡取代內容。然而，數位出版為能配合短篇閱讀習性，勢必偏向微型輕量的規劃；更重要的是，於內容發行之後，作者仍須重視與讀者互動的需求。

雲端發行是市場的替代或是延伸

就發行路徑與市場效應的觀察，實體書店礙於網路的普及與租金的提升，讓原本出版產業最重要的實體市場逐漸衰退。近幾年，一些全球企業體系的雲端電子書發行體系（Apple 的 iBook Store & App Store、Amazon 的 Kindle、Google 的 ebookstore 與樂天Kobo App）日漸蓬勃，確實讓實體書店雪上加霜。

雲端書店的經營須具備程式設計、跨領域人才與發行格式三大元素。其中，如何運用整合程式去設計雲端網頁程式即是首要條件；除此之外，必須積極培育技術與服務的跨域知識撰述人才，以滿足雲端書店的發行需求。另則，其發行格式也是網路平臺內容流通不可或缺的元素，主要是可方便統一管理或進行轉檔的閱讀軟體作業系統。

當下較常被使用的電子書發行格式以ADOBE專用的PDF、由國際數位出版論壇提出的EPUB (Electronic Publication)，以及二〇〇五年被Amazon.com收購的MOBI（Kindle系列）等三類較屬主流。根據出版業界的統計，其中又以PDF與EPUB由於網頁風格簡單，且可支援線上閱讀書籍的種類比較多，目前Google ebookstore電子書與雲端閱讀器係採EPUB電子書格式發行，讓使用者還可在Android或iOS手機等跨平臺裝置上閱讀。

科技的必然與政策的使然

科技有其不可逆的意理，但身為主管機關當思產業的衝擊，宜善加調適讓社會有衡平的發展；非常樂見政府部門，已開始提出各項提振出版產業措施。二〇二〇年一月起，教育部及文化部共同推動公共圖書館試辦「公共出借權」，保障作家和出版社權益的決心，透過發放補償酬金的措施，激勵本土作家的創作能量，讓出版業者可以出版更多好書，促進出版產業在品質與量能同時提升。

除此之外，文化部另於二〇一九年起研擬修改相關法條，修訂其主管文化藝術獎助條例下的「文化藝術事業減免營業稅及娛樂稅辦法」。並於二〇二〇年元月達成基本共識，將書籍納入免稅範圍，這項免稅措施含括各類型的紙本書、電子書與漫畫在內皆將受惠。深信上述兩項措施，將為國內出版事業帶來某種程度的活路。

結語

實體書店的經營受到消費閱讀習慣改變的衝擊，當思考如何轉型經營。其中包括複合式營運模式與虛實跨界消費，將是其首要因素，尤其是如何營造文化場景的生活空間，用質感設計優勢留住人潮，才可創造出版產業翻轉的機會；換言之，只有在數位人文的閱讀習慣被養成，出版事業才有存活之道。

個人殷切期盼，上述針對雲端複合書店的一些論述，能對當下的出版事業有所貢獻，更藉此向三民書局致上虔誠祝福，以及對劉振強先生的創業精神誠摯致敬。

永存心中的典範

黃以信

從國中時代，就和三民書局結緣了。當時週末放學後的娛樂，常常是背著大書包去逛重慶南路書局。三民書局巍然屹立其中，書籍多為法律文史哲學與教科書，對一個國中生艱難了些，所以我情鍾三民文庫，買了《我祇追求一個圓》、《秋瑾革命傳》、《生命的光輝》、《弘一大師傳》、《人間小品》、《南海遊踪》、《從香檳來的》、《從根救起》、《文學與藝術》、《孤軍苦鬥記》、《班會之死》、《仙人掌》、《夜讀雜記》、《一個主婦看美國》、《六十自述》、《現代詩的欣賞》、《胡巡官的一天》等十數本書。這些都是陪伴我中學至大學的最佳精神糧食，常常把玩賞閱兩個巴掌大的三民文庫，邊聞書香，邊遊書海，直至三更。當時沒有電腦、手機等3C產品，我培養出全然的閱讀習慣，三民文庫功不可沒。潮來潮往、物換星移，這數十年來買了不下數千本文史哲學音樂的書，但書房書架有限，每次都要忍痛汰舊換新，當然所買的三民文庫也無法全部留存。但我抬頭望我現在的書架，赫然發現還存留有五本三民文庫，這是多麼珍貴的回憶，與多難的取捨啊！

當時心想三民書局，應是發想於「三民主義」，可能是國營、黨營的書局。沒想到後來才知道，「三民」之命名，乃是一介大陸年輕流亡學生劉振強先生，與另外兩位好友自謙「三個小民」所獨資設立。更沒想到，我與劉振強伯伯的淵源還不止於此。

原來劉伯伯竟然是舍弟同學劉仲傑的令尊大人。仲傑從高中起就常為鄙舍的座上客，與舍弟以及我們全家包括先母打成一片。從仲傑的口中，我們知道他有一位嚴以律己、寬以待人的父親，克勤克儉、胼手胝足、禮賢學者、心懷大志、拓展書店、推展文化。後來事業書局規模益大，竟又以己身之力，行國家之力方以得成之創舉，包括編修《大辭典》、《新譯資治通鑑》、各種文庫，以及不可思議之「造字工程」。這些幾乎註定蝕本的豪情創舉，沒有對中華文化深深的愛、與對自己責無旁貸的期許，再加上擇善固執的氣魄是做不來的。這是我對劉伯伯的初印象：比文人還文人的文化傳承者。

後來，有機會與劉伯伯初見面，是劉伯伯知道仲傑與我們家熟稔，特邀我與舍弟於週末鼎泰豐，吃一大早要排隊的小籠湯包。這是我第一次親眼看見劉伯伯的廬山真面目。出乎我意外，原以為一定會是很嚴肅的劉伯伯，竟然這麼和藹可親又幽默風趣。

原來，大老闆大事業家也可以這麼平易近人，卻又言行舉止溫文儒雅，令人尊敬。當時我已在榮總內科服務，得知劉伯伯非常注意養生，每天凌晨即起跑步，數十年從未間斷，且粗茶淡飯，不菸不酒，再加上定期有作健康檢查，身體狀況很不錯，我就放心了。沒想到，隔了幾年，卻以主治醫師的身分，很艱難痛苦的面對劉伯伯。

二〇一六年八月仲傑找我說，劉伯伯這兩個月飯後會肚子飽脹不適，有時還有嘔吐現象。我心覺不妙，囑仲傑速帶劉伯伯來醫院檢查。我在榮總見到了劉伯伯，瘦了很多，面有倦容，覺得心疼。一作檢查，結果是胰臟有問題，肝臟也牽連了，最後病理報告與賈伯斯是一樣的。我當時真恨我是一個胃腸肝膽科醫師，老天爺要我告知這樣一位可敬的諄諄長者疾病真相，是何等殘酷啊。我但願我不是一位醫師，或是當初應選輕鬆愉快的科別如皮膚科，就不用椎心刺骨的代替老天爺宣布病情。

碰到比較末期的病，有些病人會經過幾個內心爭戰痛苦的階段：拒絕接受、討價還價、生氣抱怨、抑鬱接受。有些病人會認為醫師的診斷有誤，烏鴉嘴亂講，而對醫療人員不滿。但是劉伯伯是一位克己復禮、成熟穩重的長者。難過痛苦是一定會有的，但是劉伯伯以其多年的自我修為與豁達胸襟，默然接受這個事實，跳過拒絕接受、生氣抱怨、抑鬱寡言等階段，在人生的最後階段，仍維持自我的穩重與尊嚴，不輕易流露內心的痛楚，以免加添家人、朋友、員工的負擔。

在經過審慎考慮後，劉伯伯最後轉到另一家專科醫院治療。這個病仍有許多化療治療、標靶治療、內分泌治療等藥物可供選擇，但是這些藥物之治療在末期是不佳的，且有一定的副作用。據我所知，最後劉伯伯並未選擇太多這一類之藥物治療，而以保守療法為主。最後一定是受苦受痛的，但是劉伯伯常常堅強地咬著牙默然承受，不在他人面前流露憂愁苦楚，真是可敬可佩。劉伯伯幾個月後仙逝了，我對他有無盡的感懷與崇敬。

直到現在三年多了，我常常懷想起劉伯伯最後瘦臞但堅毅的身軀。我認識的劉伯伯，不是大多數人在書局看到運籌帷幄、心懷大志的劉董事長，而是極其人性的諄諄長者。無論在文化出版界，或在我認識的長者中，劉伯伯是永遠活在我心目中，無可取代的典範。

夜深了，寫到這裡眼眶也紅了，我想跟劉伯伯說，您安息吧！您很有才幹的兒子仲傑，繼承您的衣缽，正將三民書局之文化志業，推向另一個熠熠發光的百年！

劉振強先生的出版事業與文化理想

周陽山

今年春天，我將新著《比較監察制度》交由三民書局出版，這是三位同仁（馬秀如教授、李文郎博士、王增華博士）和我在近十年的合作之後，協同完成的一部研究成果，也是在這一冷門領域中少見的中文著作，在臺海兩岸均屬罕有。

監察權是三權之外獨立運作的第四權，其主旨在於傾聽民怨、接受陳情、掌握民瘼民隱、推動獨立調查，進一步對政府機關與行政官員進行究責與監督，並積極尋求彌補之道；藉此促進善治、改善績效、強化法治、保障人權、並增益施政品質。近三十年來，由於全球民主化、自由化的推展，目前設置獨立的監察機制，正是國際社會推廣的新趨勢。根據國際監察組織(International Ombudsman Institute)的統計，全球目前有超過一百個國家，設立了一九八個獨立的監察機關。基於此，對於各國監察制度的源起與背景，以及監察制度的基本類型和功能進行比較分析，誠屬必要。

我們在本書中探討了瑞典、芬蘭、以色列、美國、匈牙利等國的具體實踐經驗，並且針對相關的監察、審計、督責等機制進行國際比較。另外，我們也特別針對中華民國五權憲法的落實、監察院的工作經驗、監察權的實施細節及其現實困境，進行深入的分析，並就當前臺海兩岸不同的監察機制進行對比研究。換言之，這是一部針對國際與兩岸監察權理念及運作經驗的比較研究專書。

我們把這樣一本冷門、獨特、稀有的著作交由三民書局出版，除了基於三民長期以來的口碑和令譽外，也是本於對劉振強先生的敬重。劉先生一生矢志不移的出版好書、尊重作者、嘉惠讀者的文化普惠理念，早已成為臺灣出版界最受稱道的文化標桿，也讓我們由衷感佩！

劉先生是父親世輔公的至友，我有幸從小時候，就經常聆聽他們之間深摯真誠的談話，前後歷三十年之久。三十多年前父親仙逝，我又承劉先生之命，多次增修父親的遺著，增添新的知識內容和研究素材，深深體會到學術出版界必須與時俱進、推陳出新的真道理。我自己也不斷鞭策自己寫新書，推出新的研究成果，前後在三民出版了十一本書，以回報劉先生長年的厚愛。

這些書涵蓋的主題範圍，包括自由與權威、文化與傳統、民主與威權、極權與解放、民族與戰爭；至於討論分析的地域經驗，從大陸到臺灣、從東歐到蘇聯、從美國到拉美，從中亞到北非；跨越了不同的地理時空，掌握相異的民族文化與文明區塊，也是我一向關注的比較政治與區域研究的核心議題。幸賴劉先生的鼎力支持，終能與讀者相見。

劉先生一生堅持正道經營，他不但尊重作者、善待員工、嘉惠千千萬萬的讀書人和愛書人，而且從不趨炎附勢，不向任何政治勢力屈從，也絕不走後門歪路。所有長年認識劉先生的人，都欽佩他的德行、正派與風骨！

而今，劉先生雖然已離開了我們，但三民書局在哲嗣仲傑先生的主持下，薪火相傳，堅毅自持，依然挺立！三民書局秉持著不變的文化出版理念，也維持著一貫的正派經營作風，繼續為臺灣和全球華人知識界、文化界和讀者群，提供貼心與溫暖的服務，也讓所有中文世界的讀者都清楚的知道：到臺北，找三民；到三民，選好書！

記憶中的劉振強董事長與三民書局

薛化元

第一次和三民書局接觸，是到臺北讀高中的那一年。當時剛搬到興安街，拿到媽媽給的零用錢，就想到附近的書店逛逛。興安街就在中興大學法商學院旁邊，書店有許多大學教科書，這是我以前去過的書店所沒有的。我從小就喜歡看歷史課外書，因此就翻閱了一些中國通史和中國近代史的書，其中三民書局出版的林瑞翰教授寫的《中國通史》，以岳飛為例，提及部隊指揮官必須服從上級的指揮，如果一再抗命，就是軍閥的行徑，此一觀點和官方的標準說法差異甚大，又論證清晰，深深吸引了我。我的零用錢有限，剛好把一整個月分的零用錢拿來買下此書。後來，我引用了林教授的論點寫到學校作文中，教國文的蘇美珠老師注意到，還找我談話。對我而言，這是一種鼓勵，因此就又再找時間把整本書仔細閱讀，並且和學校的歷史教科書對照。由於這個機緣，我對於出版這樣特別觀點的教科書的三民書局，留下深刻的印象。

進入大學以後，接觸到更多三民書局出版、經銷的教科書，其中劉慶瑞教授的《中華民國憲法要義》，一直到我於一九九一年開設「中華民國憲法與政府」的課程時，依然是我十分青睞的教科書。至於我修習的歷史學門課程，也有不少學者在三民書局出版了教科書或專書。後來，我在交通大學任教期間，碰巧教育部公布了新的大專教科書的課程標準，而時任三民書局副總編輯的黃國鐘先生邀請我撰寫《中國近代史》。作為一位任教不久的副教授，收到三民書局的邀約時，心裡十分高興。當時也有一位出了許多教科書的學長建議，撰寫的教科書應該由另一家大學的書局出版，可以抽版稅，不過我還是覺得與三民書局合作比較好。一方面覺得可以在出版許多前輩學者著作的出版社出書，是一種榮譽；另一方面三民書局的行銷能力，在業界是有目共睹的，由三民來出版成書，對於個人研究的影響力將大有助益。就這樣我和三民書局的教科書出版事業結下了緣分。

簽約的第一本書還沒交稿，黃副總編輯又來聯絡，希望我能再簽約撰寫《中國現代史》。考量《中國現代史》教育部訂定的課程大綱，和《中國近代史》有相當的重疊，因此便答應了《中國現代史》一書的邀約。由於初次撰寫教科書沒有時間管控的經驗，所以在最後的截止期限才交稿。然而寫稿固然不易，沒想到審查的過程更是艱辛。第一次看到厚厚的要求修改的審查意見，不免感到震驚，沒想到竟然有這麼多問題。可是，我覺得有些審查意見提出的要求實在沒有道理，就提供學術研究的出處作為佐證回覆，希望審查人可以接受。《中國現代史》的審查人大抵都接受我陳述的意見，不過《中國近代史》的審查過程則十分不順利。如果是依照現在的審查制度，該書早就超過三審需要重編，也不必反覆再審了。結果《中國近代史》的審查發回修正次數，直直往第二隻手的手指頭前進，甚至直到新版教科書已經開始使用，還未拿到執照，最後又拖了好一陣子才過關。

由於前述的過程，當各大專院校開始選書之際，我編寫的教科書還沒通過審查，因此對三民書局的推銷業務造成壓力。關於此事實在非常感謝劉振強董事長的包容，劉董事長沒有透過編輯部要我必須妥協，讓我經由審查文件反覆來來去去，終於得出最後審查通過的結果。不知道是否審查過程太過冗長、曲折，在廢除大專教科書審查制度後，劉董事長又要黃副總編輯邀請我另外再寫一本中國現代史專書，實際上是只是針對過去的舊稿改寫，以保留審查之前原始初衷。不過，我覺得這是個不錯的機會，便找了臺大博士班的兩位學弟潘光哲與李福鐘另起爐灶，寫了一本新的中國現代史教科書。或許大家合作的經驗不錯，一九九八年我到政治大學歷史系任教時，劉董事長又要黃副總編輯探詢我是否願意再撰寫《臺灣開發史》，這是我嘗試撰寫臺灣通史性質教科書的開端。在我私人的構想裡，《臺灣開發史》是我撰寫的高中教科書進階的參考書。之後由於臺大歷史研究所的李訓詳學弟之故，我從二〇〇五年開始組成團隊編撰三民書局高中臺灣史和中國史教科書。我與三民書局的教科書合作關係，也從大專院校向下延伸到高中。我的導生蕭遠芬小姐在三民書局編輯部上班，開始協助我編纂高中教科書，其後二〇一二年、二〇一五年、二〇一九年歷次課綱更替都在她和編輯團隊大力的協助下完成。二〇二〇年三民書局高中歷史的臺灣史授權日本的雄山閣出版，新課綱版本則預計在二〇二一年出版，由國內走向國際。這也是繼國中《認識臺灣歷史篇》之後，審定版的高中臺灣歷史教科書首次在海外出版。

至於我和劉振強董事長直接的交往，則是起於撰寫《臺灣開發史》的時期。此時我已經從中和搬家到中崙，就在這個時期開始劉董事長每年過年都會拜訪寒舍，好意送禮物並致贈紅包沾喜氣。當時我住在沒有電梯的公寓五樓，不過劉董事長身體健朗，上下樓梯的速度快得我幾乎跟不上。這樣的每年往來，持續到我搬到大一點，有獨立寫作空間的新家，之後又過了好幾年，劉董事長年紀更長，才派人接手拜訪。過年劉董事長到家裡來作客時，都會停留好一陣子，和我聊聊天。透過這樣的交流，我對於劉董事長和三民書局都有進一步的了解。一開始比較客套，之後彼此變得比較熟悉，見面也就聊開了。劉董事長提到早年到臺灣，借住在臺灣人的家中，感受到接待家庭的熱情，也認識了臺灣人的生活方式。因此他事業成功以後，持續和當年借住家庭三代的往來，對他們的發展也有所協助。對話中感受到劉董事長惜情的感覺，至今依然留存於我心。此外，當時擔任教育部長的杜正勝院士，他的政策遭到部分在野黨立法委員和媒體強力的批評，其中更有一些莫須有的指控。劉董事長就向我提到，他認識的杜部長，是一位值得尊重的學者，頗為他的處境感到不平。

我現實的政治立場相對清楚，有些人對於三民書局找我編寫教科書相當不以為然。他們也了解我的立場和劉董事長有所差異，因此曾有歷史系學者去找劉董事長，希望三民書局不要再和我簽約，他們可以組新的團隊來撰寫三民書局的高中教科書。劉董事長和我見面時，就主動提到這件事，同時表示相信我撰寫教科書掌握學術專業的分際，希望我繼續為三民撰寫歷史教科書。特別在「微調課綱」發布後，由於「微調課綱」的內容，不僅學術專業有爭議，並且決策過程有瑕疵，我積極聯絡一樣不能接受「微調課綱」政策的歷史學界朋友，出面連署，舉行記者會抗議。同時面對不合理的內容規定，也堅持不能照單全收，必須守住起碼歷史專業的底線，並在撰寫的課本中註明該課本與「微調課綱」不同之處。對於出版教科書的三民書局而言，如此自然不免感到困擾。不過，書局和編輯團隊仍然選擇支持我的想法，努力維持教科書合理的架構和內容。

二十多年來與劉董事長的相處，能感受他和三民書局對於學者的尊重，這是相當愉快的經驗，也是我學術生涯中美好的記憶。想起過去和劉董事長的談話，仍然有溫暖的感覺在心頭。

劉振強先生與三民書局

車畇庭

那天晚上我去靈堂捻香致意，並沒有預期自己會登時就紅了眼眶，告別式那天也是如此。因為和老先生合作雖然超過十五年，但真正見面或坐下來談的次數屈指可數，我們應該沒有那麼熟吧。

但是就在那些寥寥可數的會面中，老先生總是一次次的讓我感受到長者對後輩的關愛，及對作者的尊重，經營者對公司及員工的責任，以及一個文化工作者對自身的期許和堅持。

第一次一起吃飯，是因為我接了當時高職現在技高的英語教科書主編工作。老先生將所有編寫團隊找來圍了一桌，要認識我們也謝謝我們。多禮的他一路客氣的說著聊著勸菜，認真地聽著大家分享的理念。我心想其實他不必這麼麻煩啊！以三民的規模，這不過就是一個很小的工作任務吧！接下來再有機會和老先生見面，他總不忘問問家人，真心想知道我好不好，編書上有沒有什麼困難。那種對後輩的關愛，更重要的是對老師或作者們的那份尊重，實在是演不來的！我想，就是那一份真性情，即使只有數面之緣的我，也是每每想到都覺如沐春風！

不過，這位老先生雖然時時讓我覺得溫文儒雅，可也是說話做事十分嗆辣的！記得多年前有一回，我因為教科書的封面及內頁，以現在走花俏風的市場來看，設計實在太過樸實，而去找了老先生談。一路絮絮叨叨，訴說著別人如何美觀設計如何厲害，還沒打開書，光是封面三民就輸了，內容再好也很吃虧啊之類的話。老先生聽了一陣，突然說：我們不是寶斗里，要擦脂抹粉的招攬客人！書最重要的是內涵和品質要好！老先生是不是夠嗆辣？但當下聽得我真是立即閉上嘴巴！即使心裡仍有些許不服，但對於老先生是如何看重自己的出版品，以及對於文化事業的那份堅持，真是五體投地的佩服！這一句話雖毫無修飾可言，甚至也不大文雅，但之後無論我在編普通高中的教科書、技術高中的教科書，或是任何其他英語學習相關的書，那天老先生衝口而出的這句話卻總是縈繞耳邊，就像他一直對我的耳提面命！

當然，工作上的那份嗆辣和堅持，轉頭對著自己的員工，會變成老一輩爸爸對孩子般的照顧和期許。例如供餐這事，其中還包括了員工開菜單，未婚女性員工輪流買菜、男性員工搬菜等等。第一次聽到有這事時，腦子裡浮出的第一個問題是：天哪！

這一個月光是菜錢要花多少啊？？三民真是個「家族」企業來著，「孩子」還真不少！接著，我這十分信奉大女人主義的人，又想到為什麼叫女生去買菜，這樣有男女平權的問題等等。因此，有一次在和老先生談話時，又忍不住不平則鳴起來。結果老先生真的就像老一輩的爸爸一般，提到了工作辛苦的員工（小孩）怎麼可以不吃飽吃好，菜單自己開才會吃的開心，沒結婚的（小孩）總要有機會學習以後才不會吃虧，結了婚的就不要輪了，因為已經很辛苦在家要做了等等。我一邊聽一邊想，真是個爸爸在說話，老闆怎麼不見了？雖然，後來買菜這事不再由員工執行，但當初設計這程序的背後，有著很多老先生對員工的那份照護和關愛啊！

就是這樣的點點滴滴，讓我在捻香時和告別式時立即紅了眼眶，覺得他好像就在旁邊跟我說做書的堅持，做人的態度，身為一個文化工作者應該有的社會責任和使命，以及他在溫暖的問我最近好不好啊，家裡都平安嗎？

不熟嗎？我想，以老先生對我的影響，我們應該算很熟吧……。

追夢

林黛嫚

現在看來，劉振強先生的一生就是一個追夢的過程。

他少年離鄉背井，在臺灣舉目無親，個子瘦小又沒有顯赫學歷，卻憑著一股堅持力爭上游的力量，成為臺灣出版業的巨擘。這不正是追夢人嗎？

只要知道哪裡有專精的學者專家，只要有值得出版的好書，劉先生都會排除萬難，誠心誠意，親自禮聘邀稿，並預先奉上稿酬，於是有錢穆、陳立夫、鄭彥棻、謝冰瑩、鍾梅音等大家名篇，那樣的出版人與作者的情誼我未曾經驗；簡宛從鄉下進城讀書，課後常於書街留連忘返，或是像李瑞騰、陳義芝等四年級作家，逛重慶南路書店是假日最大享受，尤其在三民書局書架前免費閱讀，這個階段我也沒有趕上。

讀中文系的我，自然也讀過許多三民書局藍色或黃色封皮的書，那也只是眾多接觸過的出版社與出版品之一。我和三民書局接觸甚晚，我先是作者，然後才是編者。

二〇〇三年應簡宛主編邀請，寫了一本童書《奇奇的磁鐵鞋》，就此加入三民作者的行列。

二〇〇三年，劉先生因為此前心臟動大手術，身體大不如以往，無法照顧書局的每一項工作，想請我幫忙處理文學這一區塊的書籍。之前的「三民文庫」，每一本書都是他親自去邀來出版的；接續的「三民叢刊」，後期是由編輯負責，因而某些作品風格不大統一。當時我還在《中副》工作，只能以特約的身分幫幫忙，直到二〇〇六年報社結束，才到書局專任。

很多人稱揚劉先生為人寬厚，知人善任，這裡就有一個最佳例子。他知道我在報社工作自由慣了，副刊主編和文人往來的方式也不適合整天待在編輯部，於是給我很大的彈性，只要把工作做好，完全不必到公司上班，一應雜事有責任編輯負責。為了邀稿方便，我需要一個頭銜，劉先生說：「編輯部副總編輯可以嗎？總編輯就是我，應該不會委屈你了吧？」劉先生後面這句話是多餘的，我一點也不覺得委屈。

這段期間，一些和三民淵源不深的人在我的引介下，在新企畫的系列「世紀文庫」出版，譬如京夫子寫中南海祕聞的巨著最後一部《重陽兵變》上中下三大冊，為他這一系列寫作劃下完美句點；譬如嚴歌苓的第一本英文小說的中譯本《赴宴者》，在臺灣出了繁體字版，後來出簡體字版本時，首印就是五萬本；還有散文大家琦君唯一授權出版的傳記《永遠的童話》，由散文家宇文正執筆，是喜好及研究琦君的人必備的參考書籍；又如臺灣電影界的國寶——李行導演的傳記《李行的本事》，為臺灣電影的歷史提供了詳實的見證。

劉先生把書局的文學出版（後來也請我負責兒童文學）交給我，就充分授權，除了一些關鍵決策的事和劉先生商量之外，劉先生總是說：「你去做就是了。」展現了完全的信任。也因此每個月一次到兩次，我向劉先生報告工作進度，總是三言兩語就講完了公事，接下來，劉先生藉由溫藹地詢問我的家庭、生活狀況，帶出一些他對人生、時事的看法，每每聊得欲罷不能，總要王祕書來提醒，「已經十一點半了」，才匆匆結束談話，下回再續。我從這些談話中認識了一個從小離開家鄉，流離顛沛的小孩，如何在這個異鄉奮鬥，發展出三民書局這個龐大的事業機構；那個當年收留他的本省阿嬤，讓他在臺灣立定腳跟，他始終感念在心，此後劉先生照顧阿嬤到終年；還有許多劉先生和作者之間的美好情誼，互信互諒，其中的點點滴滴都體現了中國的傳統價值。

這一甲子以來，關於出版以及和出版相關的偉大工作，如《大辭典》、排版軟體、電腦字等都一一完成，三民的出版版圖看起來非常完整了，但我記得劉先生曾說他希望有一天能到上海買一棟樓，地下室是印刷排版部門，樓上是門市及編輯部，想出的書，想賣的書，都可以在這一棟樓裡完成。他在臺灣追夢成功，也希望能為中國大陸的學子服務啊。我還記得劉先生說：「黛嫚，到時候和我一起到大陸打拚。」

也許只是順口說的話，而且這個夢想也只能是夢想了，但是這段追夢的日子，卻永遠存在我的記憶裡，也支持著我們這些後生晚輩繼續追夢。

董事長　新年快樂

陳純一

我能有緣分認識劉董事長，是因為恩師丘宏達教授的引薦。丘老師常提到他是如何認識劉董事長的。他當年要到衡陽路虹橋書店買書，沒有買成。當時三民書局和虹橋書店是在同一個店面，劉董事長剛好站在門口，丘老師順便詢問某一本書，董事長馬上就拿出來了，他著實驚訝董事長怎麼會記得這本書。「他很熟，記得所有書的位置，要什麼書都可以找到」，丘老師如此形容劉董事長的，語氣充滿著讚佩。我當時就在想，丘老師自己就是博聞強記，他如此肯定，而且再三回味，證明劉董事長的記憶力和做事方法，一定有非常獨到之處。

另一件讓我印象深刻的事，是丘老師在民國六十二年出版的《現代國際法》序中，感謝劉董事長願意以較高的成本來印刷本書；而民國八十四年修訂的《現代國際法》序中，他又再一次的感謝三民書局的編輯排印。我當時有點納悶，書局編輯印書事屬當然，丘老師何以銘記在心？經由丘老師的言談，並對照丘老師在《三民書局五十年》一書的說明，我才知道，丘老師當年著手撰寫《現代國際法》時，不但希望該書內容豐富，有詳盡的註解，能包括與我國有關的國際法問題；還要專章說明如何使用國際法參考書，編列索引，提供拉丁名詞英譯表，以方便學生閱讀英文原著；並且建議，整本《現代國際法》使用西方教科書的方式編輯排印。而這些要求，劉董事長都全力配合。

丘老師後來表示，以當時的時空環境，劉董事長能以新觀念、新作法出版《現代國際法》，是一項創舉，實屬不易，而這也說明董事長經營事業是一直在求新求變。經丘老師這番提醒，我回想自己在大學時代用過的教科書，三民書局出版的《現代國際法》，不論內容和形式，和其他法學著作的確有很大的不同。

丘老師一直為此很感謝劉董事長，但是我不知道劉董事長為何要如此做。民國一〇一年五月二十三日，我知道了答案。當日，中華民國國際法學會與蔣經國國際學術交流基金會，在臺北晶華飯店舉行「愛國學人：書生報國的典範——紀念丘宏達教授學術研討會」。在開幕典禮上，董事長提到，自己長丘老師四歲，兩人生日正好同一天，不同年而同月同日生。他回憶自己和丘老師的童年都是在槍聲、轟炸與逃難中度過，因此希望明天會更好，社會更安定。兩人都很愛國，但是方式不同，他堅守出版崗位，數十年如一日，而丘老師則是在學術上發展。

接著，董事長提到《現代國際法》的出版構想，大約是始於民國五十六年的事，丘老師當時在臺灣教書，到書局找他聊天。談論近況時，想到了寫書。而當時會有這個想法，是因為國家在外交上開始漸漸出現困難，希望這本書的出版，對我國的國際地位能有幫助，使我們的國際地位不致動搖。後來到了民國五十八年，丘老師從美國寫信問他，這本書的出版會不會虧本。董事長說：「我出書從來不曾想過這個問題，只要公司不會倒閉，只要可以生存，我都願意去做這些有意義的工作。」

我當時聽到這段話，心頭為之一震，那真是一種捨我其誰的豪情壯志。而他的這一席話，也說明了董事長日後何以願意花費鉅資，投入《大辭典》的編撰，和從事原本應當是國家該做的造字工程。也正因為知道緣由，所以我在完成《現代國際法》的修訂後，會在序中寫道：「《現代國際法》是丘教授、丘師母謝元元女士與三民書局劉董事長三人共同的心血。是他們對時代的使命感，對學術的執著與熱情，以及樂於提攜後進之情，才有今日《現代國際法》的出版。」

董事長令我感動的另一件事，是對朋友有情有義。在前述紀念丘宏達教授學術研討會開幕典禮上，他傷感的說：「我非常懷念宏達，我和他從青年到垂垂老矣都是朋友，我們就是這樣一生的朋友。」

正是這個一生的朋友，幫助丘老師經銷大學時代著作《條約新論》；全力支持丘老師撰寫《現代國際法》，和編輯《現代國際法參考文件》。此外，他愛屋及烏，接受丘老師的推薦，幫我這個後生小輩出書《國家豁免問題之研究：兼論美國的立場與實踐》(民國八十九年)；還幫忙出版《國際法論集：丘宏達教授六秩晉五華誕祝壽論文集》(民國九十年)；《書生論政：丘宏達教授法政文集》(民國一百年)；《愛國學人：紀念丘宏達教授學術研討會議實錄暨論文集》(民國一〇二年)。他聽到丘老師身體不適，關心之情溢於言表，主動幫忙找醫生要協助開刀。丘老師生病無法回國，他常常打電話給丘師母，了解丘老師的情況。丘老師雖不在了，但是他仍繼續支持《現代國際法》的出版，因為覺得如此做對老友有交代，他說「我是懷著非常感激的心情出版的」。

這幾年，我過年期間的重要活動之一，就是到三民書局給董事長拜年，對我來講，每次拜年都是一場精神饗宴。我面對的是一位俠者，是一位儒者，而不是一位生意人。聽董事長暢談人生經歷，文人雅士趣聞軼事，不知不覺，韶光已逝。而每次離開，本人雖為晚輩，他總是堅持要送到電梯口，笑容滿面，神采奕奕的道別……。

今年我早已經在期待給董事長拜年了，但是尚未安排時間，就接到噩耗。到靈堂上香時，看到董事長在照片中和藹慈祥，依舊是笑容滿面，神采奕奕的看著我，心中一陣淒然。一切都好像沒有過多久，董事長，丘老師，三民書局，昔日情景，歷歷在目。而今天的我，又是多麼希望能再說一聲：「董事長，新年快樂！」

長輩、朋友、人生導師

申顯楊

清明前夕，我夢見了兩位逝去的長者。一位是歸葬湖南老家的母親，一位是三年前仙逝的臺灣出版家劉振強先生。母親的教養影響了我的人生，劉先生的品德深刻影響了我的為人與經營理念。

我與劉先生相差三十多歲，但我們一見如故。二〇〇四年十一月，我們在劉先生的辦公室相識。就像多年未見面的老朋友，我們有聊不完的話題。談到家事，他問我：令堂令尊都好吧？我告訴他：我是湘西南最偏僻、最貧困的山溝裡的孩子，父母在最艱難的環境下，傾其所有，四處借債，咬緊牙關供我上完研究生，我才有了今天。在廈門落腳成家後，我第一件事是把老父母接來同住，使他們不再受窮受苦，享受晚年幸福。談到父母之愛，我們深陷自己兒時的回憶之中，談著談著，兩人不禁淚流滿面。他說他十七歲離開大陸赴臺灣，父親一路含著淚送他，最後佇立在碼頭，目送他的船遠去，褪色的黑色長衫在淒風冷雨中飄動著。那淒涼的一幕，他說他永世都不會忘記。我想，我們都是最懂朱自清〈背影〉的人。

十七歲的劉先生來到臺灣，舉目無親。是一位好心的臺灣媽媽收留了他。劉先生感恩她一輩子，視她如親生母親，供養、服侍她一生，為她送終，購買幾百坪土地作為她的墓地。

劉先生是重情義之人，他將自己的感激之情，熔鑄於對員工的關愛之中，對合作客戶的信賴之中，對競爭對手的包容之中，對中華文化的孜孜追求與不懈傳承之中。與劉先生相識相知多年後，我們兩家公司才有業務合作。我任職的廈門外圖集團，與劉先生三民書局的業務合作十分默契。兩家公司彼此高度信任，都給予對方合理的交易條件，從來不需要討價還價。他和他的企業很重視服務品質與合作信用。實質合作後，我去拜訪他，他提前精心安排，把副總經理李長霖先生、兩位祕書、具體業務對接人等，都叫到他辦公室等我。寒暄之後，他真誠地問我：三民書局有沒有做好服務？給廈門外圖的配書是否快捷？配到率是否夠高？對廈門外圖的來貨驗收是否夠快？對廈門外圖的付款是否提前？最後，他特別指示祕書王小姐：一定要提前一週付款，這樣方能確保永遠不失信用。申先生和廈門外圖集團，是我們見到大陸來的少見的優秀經理人和企業，我們要彼此珍惜緣分，不負情誼。

與劉先生、三民書局的合作，對我和廈門外圖的精細化管理、誠信守諾既是一種鞭策，也是一種監督。我們兩家公司在極高的水準上合作，通過彼此圖書進出口、版權交易業務，擴大了簡體和繁體圖書在兩岸的市場，提升了雙方企業品牌，深化了雙方情誼，連雙方作業團隊也成為了摯友，企業雙方成了深度而長遠的戰略合作夥伴。

我很想念劉先生，十三年的交往，他教會了我許多做人做事的原則：待人要真誠，眼光要長遠，承諾要兌現，聲譽勝過利潤，客戶勝過家人……。

劉先生有許多感人的故事。他有情有義，感動了幾代人；他知恩圖報，結交了各界無數摯友；他勤奮好學，管理有方，打造出臺灣三民書局的豐碑；他的形象會永駐兩岸出版人、文化人心中。

劉先生雖然離開了我們，但令我們欣慰的是，他的精神與他塑造的企業文化，在他的下一代和三民書局得到發揚光大，今天的三民書局在劉仲傑先生與公司同仁努力下，不斷創新，行穩致高，成為兩岸出版發行界的翹楚。

真誠地祝福三民書局在新的經營團隊帶領下，百尺竿頭，再創奇蹟，將事業推向新的高峰。

爺爺教我的事

劉依凡

我的爺爺有許多不同的身分。他是位成功的企業家、孝順的兒子、遊歷四方的旅人、求知若渴的學者、忠心的愛國人士、慈善仁愛的施主。日前陸續出現有關爺爺辭世的報導文章，臺灣各界人士也相繼致意。爺爺待人向來客氣謙和，同時在眾多員工的眼中，也是堅定有力的領袖。

在這些身分之中，最重要的是，他是我永遠的爺爺。我年幼的時候，外公就過世了，爺爺稱職地扮演起我生命中長者的角色，並且使其意義非凡。他時常到美國探望我們，而我每逢夏天也會回來臺灣。週日早上，我們會去吃鼎泰豐的小籠湯包，因為住得遠，必須六點半就起床。小時候我愛偷懶，很不喜歡那麼早起，但是我們彼此都明白，祖孫相聚的時光是珍貴無價的。在我成長的過程中，爺爺教給我三項期許自己要努力實踐的價值：自律、感恩、寬厚。

爺爺每天早上起來固定去晨跑，直到年近八十依然如此。就算只是去商店買東西，也必定穿戴整齊。他從來不碰垃圾食物，也滴酒不沾，時間到了就上床睡覺。一個人的成功有賴嚴謹的自律，也只有自己能夠要求自己。

爺爺非常強調感恩的重要。他總是會準備禮物，感謝各界師長和同事們。即使在他生命的最後一週，醫生出診來訪，當時他已經沒體力說話了，但還是努力地迸出幾個字，要家人準備謝禮，並且要管家再三確認禮物已經備妥了，才能放心。他教我們永遠要對他人的付出表達感激，並讓對方覺得受到尊重，這樣做並非難事。

我一直以為自己慷慨的個性來自父親，但很快就意識到，這點其實是爺爺的遺傳。他時常請親友聚餐吃飯、熱心給予建議，並全力支持對方的事業。他對不認識的人客氣有禮，也總是處處為別人著想。待人和善就像微笑一樣輕鬆自然，無須作態。

我十分感激爺爺，讓我的人生經驗多采多姿，從旅居海外到接受高等教育。更讓我感激的是，爺爺對我充滿信心，相信我能夠事業有成。雖然我是他最年長的孫女，他也從來不擔心我的婚事。說實話，比起煩惱我嫁不嫁得出去，他反而更操心我大學主修什麼。

爺爺精彩的一生，是我往後人生面臨選擇時的指引，我永遠不會忘記。衷心希望爺爺知道我們是如此地敬愛他，如此地感念他的嚴謹自律、常保感恩之心，以及寬宏待人。

附　錄

劉振強先生與三民書局大事紀

‧一九五三年

七月十日　三民書局成立

當時整個臺北市的書店不到十家。年僅二十一歲的劉振強先生與二位朋友合資，於衡陽路四十六號成立三民書局，由於是三位小民合夥，所以稱為「三民」。

‧一九五七年

大專黃皮書出版

出版法政方面的大專用書，鵝黃色的封面，不僅為當時臺灣的學術界增添新意，也成為長久以來莘莘學子的共同記憶。

・一九六一年 從衡陽路遷至重慶南路

三民書局從衡陽路遷往重慶南路一段七十七號，從此三民書局成為重南書店街上美麗的風景。

・一九六六年

「三民文庫」出版

採用歐美袖珍書開本的名家著作，皆為傳唱一時之經典作品。

「古籍今注新譯叢書」出版

力求將中國古代典籍普及化，導讀、題解、內文注音、注釋、語譯齊備，研析到位，堪稱三民書局的代表性出版品。

・一九七〇年

「中國古典名著」出版

整理、校注中國古典小說與戲曲，幫助讀者掃除閱讀障礙，獲得欣賞文學名著的樂趣與益處。

・一九七一年

「科學技術叢書」出版

一九五〇年代後期，政府獎勵興學，成立了許多五年制專科學校，但既缺師資，又無合適的教材。劉振強先生遂邀集多位教授編纂工業類教材，提供五專學子專屬教材。

・一九七五年

重慶南路三民大樓落成

重慶南路一段六十一號（重南門市現址）的大樓正式落成啟用，三民書局從此邁向新紀元。

東大圖書公司成立

劉振強先生另外成立東大圖書公司，秉持「知識普及化，學術通俗化」的理念，出版中、西方思想、人文、藝術等專書。

「滄海叢刊」出版

收錄國學、哲學、宗教、應用科學、社會科學、史地、語文、藝術、比較文學類等優秀作品。其中因為藝術方面的作品較多，還特別獨立出「滄海美術叢書」一類。

・一九八五年

《大辭典》出版

為臺灣第一部由民間自編的百科全書型中文大辭典，獲得該年圖書綜合類金鼎獎，以及教育部、新聞局、文建會等單位頒獎表揚。

・一九八六年

造字工程啟動

《大辭典》排版期間，劉振強先生有感於當時通行的日本漢字缺字嚴重、筆畫錯誤等問題，即聘人刻製字型銅模。《大辭典》出版後，更開始艱苦漫長的造字工程。期間不惜數度毀字重來。目前工程已竣工，寫就了明體、黑體、楷體、長仿宋、方仿宋與小篆等六套字體。

「世界哲學家叢書」出版

以「遠古」、「中古」、「現代」的時間為軸，從中國思想家與西方思想家中各挑數十位哲學家，分別介紹他們的思想理論與學說，期使讀者對於世界各種哲學理論能有普遍且正確的了解。

高職教科書出版

出版職校國文教科書，跨足職校及專科學校教科書市場。

‧一九八八年

全臺首間有手扶梯的書店落成

三民書局成立三十五周年，將原有重慶南路一段六十一號的店面擴展至五十九號，成為雙戶兩層樓、當時少見的大型書店。

‧一九九〇年

「三民叢刊」出版

以文學類作品為主，涵蓋散文、小說、文學評論等書籍，先後出版三百餘種書，每本都記錄著臺灣文化發展的軌跡。

‧一九九一年

《三民皇冠英漢辭典》出版

三民出版的第一本英漢辭典，收錄大量詞彙、片語，讓讀者能以輕鬆的方式查閱學習。

《學典》出版

收字、收詞以生活中常見且實用為主，內容豐富，滿足各級學校學生，以及社會人士的需要。

‧一九九二年

「現代佛學叢書」出版

以簡潔流暢的文字，傳達精確的佛學思想、人物、歷史與故事。

‧一九九三年

總公司遷往復興北路、復北門市開幕

編輯部及行政部門，遷至復興北路三八六號——樓高十一層的文化大樓，並於此成立地上四層、地下一層，營業面積將近六百坪的復北門市。重南門市擴充至三層樓，營業面積約四百餘坪。日後兩家門市販售圖書各二十餘萬種，成為全國首創圖書館式的書店。

‧一九九四年

「中國現代史叢書」出版

由中央研究院張玉法院士所倡議，出版極富學術價值的中國現代史專書，為近代中國留下珍貴的歷史研究成果。

‧一九九五年

排版系統的研發成長

一九九一年，選定以中文資訊交換碼（CCCII），作為研發電腦排版系統的依據。歷經委外廠商未符需求的挫折，決定自行研發。起初在Sun工作站（當時購買還必須向美國政府簽署非核用途聲明書）Unix系統下開發，一九九五年完成第一代軟體，並正式成立新代排版；後移植到微軟作業系統持續改進，二〇一二年正式推出第三代軟體。迄今已利用自行研發的軟體，編排出七千餘種書籍。

‧一九九六年

三民網路書店開始營運

隨著網路世代的來臨，三民網路書店正式營運，開國內網路書店風氣之先。近百萬筆完整豐富的線上圖書資料，透過網路便可查詢，書種最齊全、服務最迅速。

「生死學叢書」出版

臺灣第一套介紹生死學的書系，內容涵蓋生死學各個層面，期望能提供最完整的生死學研究之參考。

‧一九九七年

「國學大叢書」出版

規劃給大學中文系學生的教材，作者皆為學界一時之選。

兒童文學叢書開始出版

陸續出版「小詩人」、「藝術家」、「文學家」、「童話小天地」、「音樂家」、「影響世界的人」等系列。

‧一九九八年

「羅馬人的故事」出版

塩野七生的史詩鉅作，描寫一千年羅馬帝國興亡的史事，引人入勝之餘，更能以史為鑑。

‧二〇〇〇年

「生活法律漫談叢書」出版

針對日常生活中，國人在食衣住行方面容易碰到的法律問題加以說明，同時提供事前預防與事後能經濟快速解決的方法，為一套實用的法律工具叢書。

・二〇〇一年

重南門市整修擴大營業

重南門市再度進行整修，至二〇〇二年初完成，一舉擴大為地上四層，地下一層，營業面積將近六百坪的大型書店。

「文明叢書」出版

從「學術普及化」出發，將踏實的學術研究，轉化為親近大眾的歷史讀本，輕薄文庫本讓閱讀走入生活。

・二〇〇二年

「音樂，不一樣叢書」出版

為音樂愛好者量身打造的音樂入門叢書，採主題式撰寫，一套十冊附CD，探尋完全不一樣的音樂新天地。

「宗教文庫」出版

廣泛介紹世界各大宗教，是現代人忙碌生活的心靈慰藉。

・二〇〇三年

三民書局歡慶五十周年

三民書局創立半世紀，七月十日在總公司舉辦慶祝會，同時發表《三民書局五十年》。

「國別史叢書」出版

以「一本一國」的方式打造一套全球史，從該國的起源到歷史人文、政經社會各個面向，全面且深入介紹每個國家的特色。

・二〇〇五年

「法學啟蒙叢書」出版

跳脫傳統教科書的模式，以主題專書的方式撰寫，化解一般大眾對於法律的畏懼，從而獲得基本的法學觀念與知識，為簡易入門的法學專書。

「哲學輕鬆讀」出版

以淺顯、流暢的文字，將深澀難懂的哲學介紹給社會大眾，期使讀者在日常生活中，就能浸淫在哲思的趣味中，領略探索智慧的喜悅。

「世紀文庫」出版

出版當代作品為主，分為文學、傳記、科普與生活四大類，邀約的作家均為一時之選。

・二〇〇六年

兒童文學叢書「世紀人物 100 系列」出版

專為國小五、六年級的孩子出版，精心規劃一百位中外歷史、文學人物的故事，傳主遍及政治、藝術、哲學、科技各領域，期望能帶給孩子不同於傳統偉人傳記的啟發。

Fun心讀雙語叢書「我的昆蟲朋友」出版

由外籍作者全新創作，並根據教育部訂定的「國民中小學英語基本字彙」來撰寫，為該年齡層的孩子量身訂作而成。

·二〇〇七年

劉振強先生獲頒金鼎獎特別貢獻獎

劉振強先生榮獲第三十一屆金鼎獎特別貢獻獎。獲選理由為「劉振強先生自民國四十二年與友人創立三民書局，至今五十五年，出版七千多種書籍，涵蓋範圍廣及社會科學、自然科學、人文藝術等各領域，貢獻卓著」。

「Life系列」出版

邀集在心理學、醫學、輔導、教育、社工等各領域中的專家學者，提供社會大眾以更嶄新的眼光、更深層的思考，重新認識自己並關懷他人，進而發現生命的價值，肯定生命的可貴。

「藝遊未盡系列」出版

以國家為架構，結合藝術文化與旅遊概念的叢書，透過作者實地的經驗，挖掘各國的藝術風貌，帶領讀者先行享受一趟藝術主題旅遊，進而完成屬於自己的夢幻之旅。

・二〇〇八年

《新譯史記》出版

全套八冊的《史記》問世，揭開古籍今注新譯叢書「四史」及《資治通鑑》重量級出版計畫的序幕。

・二〇〇九年

《小學生國語辭典》出版

收錄常用單字六千餘條，詞條七千餘則，內容豐富實用，解釋淺顯白話，是特別為小學生量身打造，好用又耐用的國語辭典。

・二〇一一年

兒童文學叢書「小說新賞」出版

精選三十本中國經典小說，邀請名作家重新編寫，將故事改寫為難易適中、用字精確的全新版本，使原先文言與白話交雜的作品，變得易讀又不失精彩。

・二〇一二年

「鸚鵡螺數學叢書」出版

每一本書皆以不同階段的數學領域為主軸，結合數學史或生活數學撰寫，是一套少見的數學課外閱讀叢書。

・二〇一三年

三民書局歡慶六十周年

三民書局開業六十年，七月十日在總公司舉辦慶祝會，同時發表《三民書局六十年》。

四史出版

繼《史記》之後，《漢書》、《後漢書》、《三國志》陸續出版，四史大功告成。

《精編活用辭典》出版

從認識漢字的基礎出發，精心編述了一萬八千多字的形音義演變，囊括五萬多條實用詞彙，是活用現代語文知識的最佳工具書。

・二〇一五年

兒童文學叢書「iREAD愛閱讀」出版

積極引進各國優良繪本，從適合零到兩歲幼兒的音樂書系列、觸摸書系列，到適合學齡前幼童的故事性繪本，及大人讀者偏愛的主題與議題性繪本都有收錄，主題多元，廣受小孩及家長的喜愛與肯定。

「養生智慧叢書」出版

專為臺灣邁入高齡化社會的熟齡族群量身打造的養生樂活書，從身體保健到心靈健康，面面俱到，為熟齡時代的實用指南。

‧二〇一七年

一月二十三日　劉振強先生病逝，享壽八十有五

《大辭典》增訂再版

《大辭典》出版後，歷經三十年的歲月，內容漸有不足，遂萌再版之念。新增大量單字，收錄字彙五萬三千三百字，詞彙近十四萬條，對研讀古文、查證研究均有所裨益。所收字詞，皆考證形、音、義發展的過程，標註古籍音讀、書證文獻，單字新附小篆字型，體察造字法則，全面支持課間教學、古籍研究、自學查考，實為全民適用的大百科。

《新譯資治通鑑》出版

歷十餘年編輯之力，出版時間跨度長達一千三百六十二年，共兩百九十四卷之《新譯資治通鑑》四十大冊，極具史學價值的編年通史巨著。提供欲瞭解各朝代的興衰更替、透析歷史洪流的脈絡之讀者，一個普及易讀的最佳版本。

‧二〇一八年

「品味經典」出版

本套書精選琦君、逯耀東、白萩、薩孟武等九位文壇大師，十二部不朽著作，上百篇傳世經典，值得細細品味。以全新風貌問世，作為品味經典之作的領航，讓讀者重新閱讀這些美好。

「新新古典」出版

以全新角度改寫古典名著，細膩刻劃角色的性格與內心，既體現古典文學作品的精萃，亦鋪陳原作者與書中人物的精神與風範。

・二〇一九年

系統出版針對學齡前至中小學族群的讀物，循序漸進培養孩子的閱讀能力。

「**繪讀**」系列作為孩子閱讀的起點，是專為學齡前到國小低年級設計的臺灣原創繪本。待孩子升上國小，可進一步閱讀為國小中低年級學童打造的「**小書芽**」系列，圖文並茂的生動讀本，帶領孩子愛上閱讀。

推出了專為國中小學生出版的哲學普及叢書「**Think**」，以及給青少年最青春的文學閱讀叢書「**青青**」。前者引導孩子穿梭在輕鬆活潑的哲學故事與議題中。後者以輕量閱讀，帶領讀者迷上字裡行間的美好。

致力於推廣科普知識，為不同年齡層的讀者量身打造，讓每個人都能找到適合自己的科普讀本。

將科普與品格教育完美結合的「**小小鸚鵡螺叢書**」，是專門給學齡前到低年級學童閱讀的科普繪本。當孩子進入小學就讀，可以閱讀進階的科普叢書「**科學童萌**」，本叢書將科學知識結合生動活潑的圖畫，讓孩子在輕鬆愉快的氛圍中了解科學知識。國中至成人階段的讀者，隨著學習領域的擴大，可以閱讀「**科學＋**」，本叢書以淺顯、有趣的方式介紹科學知識，讓每位讀者都能享受獲得科學知識的愉快體驗。

「**職學堂**」**出版**

包含商管、工作術、溝通管理、理財等面向的書籍，幫助讀者迅速擺脫職場困境，培養職場即戰力。

一〇八課綱高中教科書出版

依據一〇八課綱編寫普通高中、技術高中教材上市。三民、東大一秉為教育服務的初衷，持續投身中學教科書市場。

・二〇二〇年

三民書局邁入六十七周年

同年十二月，《劉振強先生與三民書局》出版。

回首來時一甲子

劉振強

宋代大文豪蘇東坡〈定風波〉詞云：「莫聽穿林打葉聲，何妨吟嘯且徐行。竹杖芒鞋輕勝馬，誰怕？一蓑煙雨任平生。　料峭春風吹酒醒，微冷，山頭斜照卻相迎。回首向來蕭瑟處，歸去，也無風雨也無晴。」蘇東坡即景生情，寫景喻事，在回顧出遊來程時所經歷之風雨，別有一番感受，留下了看似輕描淡寫，實為飽含哲理的佳句。今日，我回顧三民書局走過的六十寒暑，亦如蘇東坡回首來時風雨之心境，是以化用詞中「回首向來蕭瑟處」的千古名句，權作此篇文字的題目。

三民書局自民國四十二年成立迄今，已經歷一甲子的歲月。從剛開始時的三人合資而有「三民書局」，慢慢擴張發展到今日的兩間自有店面，甚至跨足網路書店的經營；工作人員也由原本的兩位股東、一位出納，外加一個小店員，增加至今日的四百多位同仁，儼然是一個大家庭。回首過往，期間的胼手胝足、篳路藍縷，點滴在心頭。

先從店名開始說起吧。三民書局之所以取名「三民」，是指「三個小民」的意思，命名的緣由和創辦時的規模一樣，都是很卑微的。說「三個小民」，是因為公司創業的資金，是由我和另外兩位朋友，三人各出五千元湊起來的。不過這點資金，用在頂下書店以及店面的押金，已經所剩無幾。幸虧得到沈咸恆先生等兩位長者的幫忙，又湊了五千元。沈先生非常體恤年輕人創業的困難，他告訴我，不要再到處招股了，借貸的資金也有償還的壓力，萬一還不起很麻煩，這些錢就算是他的投資，如果虧損的話，也不必償還。這份恩情，我至今不忘。

民國四十二年七月十日，三民書局在臺北市衡陽路四十六號正式開張，面積僅二十坪左右。起初是和虹橋書店以及幾個販售鋼筆、郵票及文具的攤位，共用一個店面，而且因為三民的書架擺在最裡面，除了衡陽路上有個招牌外，若從大馬路經過，很容易忽略它的存在。剛開始的時候，由於資金很有限，進不了幾本書，只能將書平放在檯面上，還不夠插在架上，總是賣了一本書才有資金再進一本書。幸好同行的陳兆恒先生，慷慨地把書籍交給三民寄賣，而不預收貨款，等到賣出後再結算，不好賣的則可以退還，至今我仍十分感念。幾個月後，書架逐漸充實，加上圖書館的大量採購，所以到了年底，三民已有足夠的資金大量進貨，書架也插得滿滿的。今日回想，在那段日子裡，最教我苦惱的就是資金的調度。我一向認為信用至上，所以當時與同行的生意往來，都是以現金交易，不開支票，幾個月後，現金便不夠周轉了，我為此寢食難安。一般而言，付款結清多是在月底，但我於中旬便因籌不出錢而愁眉不展。有一次，一位朋友來找我，說他要出差一個月，想把一筆金錢交給我保管，我遂向他訴說自己所面臨的困境，希望能借用這筆資金，朋友聽了欣然答應，遂解燃眉之急。開店初期，千頭萬緒，紛至沓來。除了要煩惱資金的調度外，還需妥善處理門市經營、對外洽商與股東相處等大小問題，總為苦尋解決之道而煩心不已，一個人夜間常走到今日的二二八公園裡，獨自孤坐，望月興歎。

八年之後，三民的生意略有基礎，需要較大的空間來經營，而衡陽路的店面原是向臺灣鳳梨公司間接承租而來，臺鳳此時亦有意收回。三民遂在民國五十年的教師節當天，搬到重慶南路一段七十七號，店面較之前寬敞，約有四十坪，當時租金是一個月兩千元，押金二十萬。那一年鬧水災，永和的倉庫淹大水，損失不小，押金中的十萬，還是向長輩情商借來的。這次搬遷對三民而言是一個轉捩點，且經過一番細心策劃。為避免同行的競爭手段，希望來個出其不意，新店面是在炎炎夏日關著門窗趕工而成，其酷熱可想而知；同時大量進貨，再利用夜裡附近的書店都關門之後，與同事悄悄地將書籍搬到新址，稍事休息後，第二天繼續開門營業，不露半點異狀。幸好那時三民與多間圖書館有生意往來，所以即使天天進貨，而隔天未見插在架上，也不易啟人疑竇。如此搬了十幾個晚上，總算大功告成。等到當天一早，新的店面早已布置妥當，廣告招牌與紅布條也都事先做好，趁著開門前將之掛上，待時刻一到，順利開幕營業，前來道賀的賓客相當多。

當時書局店面的房東，是臺北師範學校第一屆畢業的陳漢陽先生，為人溫文儒雅、謙恭有禮，承租前我去拜訪，他待人非常客氣。幾天後，雙方談妥訂約，合約為期三年。陳先生是個好人，子女也都很優秀，可惜讀書人不懂如何做生意，賠累甚多，經常向三民周轉。我和他雖然相知未深，但交情很好，借貸從不計算利息。三年租約期滿，接著續約十年，押金改為三十萬元，但續約後不久，陳先生便因退票的關係，避債到日本去了。到日本後，他寄來一封長信，說續約的押金三十萬元可能無力歸還，但希望店面的月租仍能照付，以供給他在臺的三個兒女讀書。雖然押金無法取回，月租部分依法我們可以從已付的押金中扣除，無需再付款，但三民仍繼續按月照付，直到房子拍賣，他的孩子出國為止，我想也對得起這位朋友了。

經歷此事，讓我感觸良深，那便是租來的店面，終究是寄人籬下，絕非長久之計。當時日思夜想，總希望能有自己的店面，所以我積極尋覓適當的店面，結果在民國五十六年間，找到重慶南路一段六十一號的門市現址。買得的過程，倒是相當機緣巧合，說起來像是個笑話。有一天我到菜市場的理髮店理髮，在武昌街的城隍廟門口，看到房屋仲介掛出的招牌，便向他打聽附近合適的房子。一位韓籍仲介隨即引介我去見屋主，屋主打算出售的房子約三十幾坪，我嫌小了一些。屋主見我年紀輕輕，竟說這樣的大話，以為我尋他開心，便說他另有一房，有七十幾坪大，但只有建物，沒有土地所有權（土地歸國有財產局所有），開價二百八十萬。其實以當時的行情，這樣的房子市值不過兩百萬元，這個價錢可說是天價了，但我聽了之後，也不還價，一股牛勁，馬上簽了十萬元的支票下訂。第二天屋主反悔了，因為六十一號現址他正住著，其實並沒有搬家的打算，希望返還訂金，取消契約。我沒有答應，這筆買賣就這樣確定下來。購置後的一樓，出租給販售進口打字機的商家，再用這筆租金，分期付款向國有財產局承購土地；二樓以上則是作為辦公處所與員工宿舍。到民國五十八年，順利買下土地所有權。接著在民國六十一年，將原有的建物拆除，並於同年重新起造，卻不幸遇到第一次能源危機。猶記得當時物價暴漲，米珠薪桂，六十二年農曆新年剛過，建築用的鋼筋就從每噸六千塊，漲到二萬六千塊之譜，我怕負責的「天壇營造廠」吃虧，便主動去找負責人顧誠美先生，表示願意負擔增加的材料成本。顧老闆很吃驚地說：「我行年六十，第一次聽到有顧客主動要求漲價的！」我則以為，凡事應該設身處地，為他人著想，總不能讓別人吃虧啊！民國六十四年，三民大樓落成啟用，營業面積大為增加；後來又在七十六年與七十八年，陸續買下重慶南路一段五十九號的建物與土地權，將之合併成一個店面，營業面積又進一步擴大。直到民國八十二年，復興北路門市落成，編輯部遷往新址，於是三民書局擴充到兩個門市，每個門市都能容納二十萬以上的書種。至此，三民書局的遷徙遂告結束，不再需要為店面的事而忙碌奔波，也為往後二十年的專心出版與經營，立下穩固的基礎。

回首過往，三民書局陪伴著莘莘學子走過年輕歲月，也見證了臺灣各個時期的發展與演變。在這六十年的歲月裡，三民出版超過一萬種書籍，類別涵括文學、法政、社會、科技、醫學與藝術等各個領域，以叢書為名者亦多達數十種。許多叢書的發想與規劃，係肇因於當時的社會背景與我的理想願望而醞釀，在規劃之初，我也都付予它們深遠的社會使命，希望藉由學術傳播的力量，達成改善社會、提升文化素養的目標。經過多年的奮鬥，有些叢書幸能達成預想的目標，甚至獲得廣大的迴響，超出原本的預期；有些叢書則囿於現實與理想的隔閡，未能發揮原有的效果。然而，無論推出後是否能獲得讀者的共鳴，至少，每一套叢書由規劃、選題、討論、撰稿，到編校、出版、推廣，都融入了我的想法與期待，就像是懷胎十月、孕育出生的孩子，寄託著父母的殷殷企盼。我曾經期許它們能發揮己長，影響社會，改變現狀，進而達成學術傳承、文化嬗遞的目標，也很慶幸許多叢書都能達成使命，完成任務。多年下來，有些朋友或許只知道叢書的名稱，卻不清楚最初的由來與特色所在。因此，我謹藉此機會，舉其重點，略加說明出版宗旨，向諸位學者先進與愛護三民的讀者報告，也算是一種回顧與檢視吧。

【法律類書】

三民書局成立之初，出版的就是法律類書籍。當時，我們計劃以出版大學用書為主，但左思右想，到底要出版哪些類型的書呢？所以首先對當時大學的用書，做了一番科學化的調查與統計，然後預料日後社會的發展，學校可能會增設哪些科系？又需要哪些用書？當時的臺灣，剛經歷過動盪的年代，憲政伊始，百廢待舉。彼時的民主政治尚未成熟，仍屬人治的時代，國人的民主素養與法治觀念亦極淡薄。於是在鄒文海等多位教授的提議下，決定從法政方面的大學用書著手，希望藉由教育途徑，改變、革新年輕人的法治觀念，促進民主的發展，讓臺灣走上法治的道路，實行真正的民主，進而達到民富國強的目標。猶記得當時這方面的學者不多，只有臺大與行政專校（中興大學法商學院前身）有這樣的師資。當時法政權威學者鄒文海、薩孟武、林紀東、曾繁康、鄭玉波、張金鑑、戴炎輝等先生，相繼為三民著書，陶百川先生並主編《最新綜合六法全書》。三民出版的法政大學用書，確立了三民出版品的方向與地位；鵝黃色的封面，不僅為當時臺灣的學術界增添幾許新意，也成為那個時代莘莘學子求學過程的一部分。幾年後，臺灣的民主有所進步，經濟日益起飛，書店的財務亦比較穩定，出版種類大增，所以我們也因張則堯教授等人的建議，出版經濟與財政相關的書籍，希望能為臺灣的經濟發展略盡薄力。再後來，我們開始轉向關注臺灣的社會結構變化，尤其是人口變遷與老化的問題，所以又出版與社會學相關的書籍。總之，這一系列的出版，全都是貼近臺灣現實情況，並對其有所期待的學術著作。

【三民文庫】

「三民文庫」在民國五十五年推出，採用的是歐美袖珍書的開本。我最初規劃這套叢書的目的，是希望邀請早年從大陸來臺的作者撰寫回憶錄，留下寶貴的歷史。為了編輯此套叢書，當時可是花了不少心力，甚至親自投入約稿、看稿的工作，可謂滿腔熱血，充滿期待，直到出版《楊肇嘉回憶錄》後，事情有了重大的轉變。楊先生早年是一位愛鄉愛國的正直之士，曾留學日本，對於日治時期的臺灣現況頗多不滿，努力為爭取臺灣人民權利而奔走，甚至身陷囹圄。到了國民政府來臺後，眼見許多制度或機關的不合情理現象，亦不畏強權、直言無諱，因此觸怒某些人士而心懷芥蒂。剛好《回憶錄》提及對親屬乃至清水蔡姓望族的看法，引起軒然大波，官報遂藉機渲染起鬨，鬧得滿城風雨，甚至有人為維護楊先生的名譽，前來書局提出停止印刷與購買版權的要求。我在徵詢楊先生的意見後，決定繼續發行。然而，許多尚未交稿的作者看到此事，為免招惹是非，便打了退堂鼓，不願再淌渾水。所以，「三民文庫」原本的構想也就無法推動，只能改以出版無關政治的小品文為主，前後出版了包括學術界如錢穆、方東美、唐君毅、牟宗三、薩孟武、陶百川、洪炎秋等，與文學領域如琦君、張秀亞、彭歌、余光中、蓉子、白萩等人的著作。這是始料未及的結果，也是頗感惋惜的事情。如今回首，當初付梓出版的回憶錄，全成了今日最珍貴的歷史見證，不僅為個人，也為那個動盪的年代，留下最真實的隻字片語。

【古籍今注新譯叢書】

民國六〇年代初期的臺灣，正值國民生活初步獲得改善、經濟即將起飛之際。然而，在政治、經濟與科技各方面均有進步之際，卻同時存在著一個隱憂：中華文化的氣息一代比一代要淡薄。究其原因，除了語言文字、生活環境、教育方式等種種因素外，主要還在於不去接觸或讀不懂中國古籍，進而無從認識自己的民族與文化，甚至產生排斥或誤解，日積月累，恐將與數千年的傳統文化形同陌路，成了坐擁寶山而不自知的一代。有鑑於此，為保留傳統經典，更為讓現代學子了解古籍內容，我毅然邀請當時的大學教授注譯《新譯四書讀本》，希望能作為學生及社會大眾自修之用，此為

「古籍今注新譯叢書」的開端。這本書除了有新式標點，並附注解與翻譯，還有一個特點，就是首創在古文旁邊排上注音符號（當時是鉛字印刷，一般的印刷廠根本沒有這個能力排注音），承蒙當時的國語日報社長洪炎秋先生大力幫忙，委由國語日報社的印刷廠承擔任務，此一艱鉅工作才能順利完成。推出之後，獲得極大的迴響，給了我很大的信心，於是繼續規劃出版《新譯古文觀止》，亦頗受好評，自此開始大量進行古籍注譯的工作，初期完成計有《新譯荀子讀本》、《新譯老子讀本》、《新譯唐詩三百首》、《新譯莊子讀本》、《新譯楚辭讀本》等書。然而，就在準備大展身手的時刻，老天爺給了我一個很大的試煉。民國六十二年碰上第一次全球性的能源危機，物價飛漲，碰巧三民此刻正在興建大樓，把所有的資金都投到了這裡面，因此對三民的營運造成極大的衝擊，差點垮掉，只得放緩規劃出版的腳步，先求生存。等到幾年過後，三民慢慢恢復元氣，才繼續有計畫性、大規模地詮釋自先秦至近世的傳統典籍，範圍遍及經史子集，甚至宗教、教育類別均擇優注譯，至今已出版超過兩百種。八〇年代之後，隨著兩岸的文化交流日益頻繁，三民也嘗試結合兩岸學有專精的學者，共同為叢書奉獻心力。有些書籍屬於一般讀者耳熟能詳的經典著作，有些典籍則雖屬小眾，但仍值得保留。例如要研究唐朝的政治制度，就一定要從《唐六典》著手，此書珍貴之處，在於所記載的不僅僅是唐代的政治制度，還包含這些制度的源由與歷代變革，對於研究中國上古至中古的政治制度嬗變，幫助極大。所以心裡明白此套書雖然肯定不好銷，但為了保存重要的歷史文獻，還是毅然聘請專家學者將之譯出。此外，像是「四史」，可說是中國史籍上重要的著作，內容龐大，出版成本極高，是一般出版社不願做，也做不來的，但我仍覺值得一做。這套書投入了龐大的時間與精力，在古文、注釋、白話譯文等各方面求精求確，斟酌再三，就是希望讓不同程度的讀者都能適用，並使文化寶藏得以傳承久遠。這項新譯的工程迄今仍未結束，還有許多值得注譯的經典古籍等著三民去整理。所謂「任重而道遠」，我們將會秉持一貫的精神繼續下去，以不負各界的期待與鼓勵。

【中國古典名著】

早年臺灣出版社所販售的古典小說，品質並不很高，不僅字體小，又沒有人名線、地名線，閱讀起來十分不便。猶記得有一回，我的孩子問我有關《水滸傳》裡提到的「士兵」一詞，是不是「士兵」的錯字啊？這次經驗給了我很深的感觸，就是我們確實需要一套適合現代讀者閱讀的改良式古典小說。因此，我特別邀請文學院教授來幫忙這項工作，除了加有新式標點、配上專名號外，並於適當位置加註解釋，以解疑惑。此外，每本書的前面，更特別撰文說明該小說的起源、演變與特點，讓閱讀小說不再只是消閒娛樂，還多了學術的價值。推出迄今將近七十種，獲得廣大讀者的喜愛，這是我感到高興與欣慰的地方。

【科學技術叢書】

五〇年代後期，由於臺灣經濟結構的轉變，亟需大量受過高等教育的勞動力。政府為解決求學與就業的問題，因此仿效德國，大幅開放、獎勵私人興學，成立了許多五年制專科學校。剛推動之初，由於準備時間匆促與經驗不足，許多學校找不到適任的師資，也沒有適合的教材供學生使用，致使學生的受教權平白被犧牲了。當時所公布的課程標準，在各科目的銜接與統整上也有著很大的問題，例如二年級的教材所需用到的觀念知識，竟要到三年級才學得到；又比如許多知識進階未能由淺入深或前後銜接不上，產生學習斷層或有頭無尾的情況。諸如此類的矛盾，造成編纂教材上很大的困擾。為解決這些問題，我努力研究了專科學校的課程標準，且多次向教育部技職司請教、反映相關問題，再邀集多位學有專精的教授協助編纂工業類教材。猶記得編纂之際，常是趁著深夜乘坐火車抵達臺南，一大早先前往拜訪教授，逐一說明解釋、溝通觀念，中午時再於臺南大飯店聚餐開會，共同討論撰寫內容。為完成此套叢書，前後花費超過三百八十多萬元，也因此不得不暫緩重慶南路店面的興建計畫，那時的我用焦頭爛額、心力交瘁來形容，一點也不為過。幸好，最終還是將此套叢書順利完成。然而，後續的推廣工作並不順利，許多學校既招聘不到合格的師資，亦未確實遵守課程標準，採用相關教材，所以第一年只賣了三十多萬元，為此我真的是食不下咽、傷透腦筋。後來某位教育部技職司長非常重視五專教育，嚴格整頓並親自視導學校的辦學情形，才讓各個學校有所警惕，開始重視師資與教材，三民的營運也才獲得改善。這套叢書雖然讓我吃盡苦頭，但也從中學到了很多寶貴的經驗，更認識了許多優秀的學者教授，對於日後的出版與推廣，有很大的幫助。

【大辭典】

我年輕自學的時候，經常依靠字典來學習，認為字典是讀書過程中不可或缺的工具。然而，當時字典的標音都是以切音方式呈現，由於南方人與北方人的口音不同，藉由切音所唸出來的字音並不一致，且早年辭書上的注解或引文未能確實查證，有許多前後矛盾或誤植的地方，因此開辦三民之後，我便有了編纂《大辭典》的想法。

我要編《大辭典》之前，不曉得這裡頭有多少困難。當時臺大教授薩孟武先生曾對我說：「千萬不要編字典，不然，你會跳海的。」沒想到，後來是十四年的經營、一億六千餘萬元的經費、百餘位教授的參與，並備置以供查證參校的參考書籍計有《百部叢書集成》、《四庫全書》等逾萬種書籍，對於所有詞條，都逐一核對查證。然而，即使擁有這麼龐大的書籍，仍不能滿足編纂時的實際需求，甚至動員二三十人之多，到各圖書館搜集珍罕的資料，終於完成這項核校工程。單就經費而論，足可買下當時重慶南路的五棟店面。這裡要特別感謝當時中央圖書館館長王振鵠先生的鼎力相助，讓三民可以將許多市面上已經買不到的書籍影印出來，以利編纂工作的順利推展。《大辭典》從民國六十年開始編寫，於七十四年出版，是以大百科的型態編纂，內容涵蓋古今中外，收羅包括人文學科、社會科學、自然科學等領域的詞彙詞條，總詞條超過十二萬，敘述文字更高達一千六百萬字，共分為三大冊。

撰寫詞條時，不同科目就委請不同系所的教授撰稿，總共超過一百多位教授參與。有些人熱情、認真，推辭不再領鐘點費，而是以居家寫稿後交付的方式完成；有些人則是前來公司寫稿，全都以大學教授的鐘點費來計算。撰稿時，每位教授皆字斟句酌、求真求切，時有為撰稿內容而意見不合的情況發生，我總是居中協調，充當和事佬。

編排《大辭典》時，有鑑於一般印刷廠的銅模都是採用日本漢字的銅模，許多字型並不標準，而且缺字很多，例如日本漢字的「德」字，「心」旁上方缺了那麼「一」畫，則「德」不成德了，若勉強用之，恐誤人子弟，所以才興起自己刻銅模，再提供給印刷廠使用的想法。當時總共刻了宋體（即今日之明體）、方體（即今日的黑體）等三套銅模，所有字體均依照教育部公布的標準字體，以因應內文排版上的不同需要。記得當時是先請人撰寫所需字體，但此項工作屬兼差性質，對方並不熱衷積極，時常拖欠未交，為此我經常前去拜託。寫好之後將確定的字體交由「華文銅模廠」雕刻銅模，再透過國語日報社長洪炎秋先生的介紹，將銅模交由臺中市的「中臺印刷廠」，依所需文字灌鑄鉛字並進行排版，總共排出活版高達六千二百多頁。因為當年的排版技術不像現今的電腦排版，僅需儲存於硬碟即可，而是需要很大的空間置放完成的鉛版，造成印刷廠極大的困擾，印刷廠的林雲鵬老闆曾私底下詢問我說：「劉先生啊，您這個稿子什麼時候才會定稿啊？可不可以不要再改了啊？」此外，印刷廠通常會自備少許的鉛材以便鑄字之需，但《大辭典》的用字數量實在過於龐大，印刷廠根本無力負擔鉛材的費用，為此三民前後購買了七十噸的鉛給「中臺印刷廠」使用。為解決活版置放空間不足，還在印刷廠的後院增建廠房。在「中臺印刷廠」的全力配合下，經過十年的努力，終於完成排版工作。期間「中臺印刷廠」幾乎再無多餘人力與設備承接其他生意，僅能專職為三民工作。今日憶起，對於印刷廠林老闆父子及所有排版工人，在經濟與體力上的負擔，十分感念。而鑑於當時臺灣的製版與平版印刷技術不夠純熟，油墨濃淡無法一致，因此向外尋求協助。當時日本已有電腦控制的印刷技術，所以我打算將稿件送到日本去印刷，然而當時外匯是受到管制，不得任意匯出的。於是我前往拜訪新聞局長張京育先生，請他出面協助，並感謝中央銀行總裁張繼正先生的幫忙與外匯局長官的首肯，同意結匯，最後在日本找得印刷廠，分三批交稿，順利完成《大辭典》的出版工作。

記得到日本尋覓合作對象，最終決定與「大日本印刷廠」合作。一開始，對方營業部的負責人態度極為傲慢自大，瞧不起中國人，在面談時甚至把腳翹到了咖啡桌上，還用輕蔑的口氣說道：「中國人還會有用十四年才完成的事嗎？」對於合約內容也百般苛刻，所以我花費很多時間、心力與對方協商。等到交付第一本樣稿（《大辭典》共三本）印刷後，對方所屬的一位漢學家看到內容，大為驚歎，認為內容不僅豐富，且嚴謹精當。當我再次造訪印刷廠時，對方的態度有了一百八十度的轉變，不僅派了許多員工在門口迎接，還請我去吃高級料理。之後主動提出「可否於版權頁上將印刷廠名稱改為『大日本印刷廠』，願意優待10％費用」的要求。然而，我想起他們的前倨後恭，又覺得中國人不能自己印出品質優良的辭典已經很丟臉了，倘若再印上「大日本印刷廠」，豈不更丟人，便一口回絕。但老實說，日本人的印刷設備精良，所以品質也極高，此點是不容抹殺的。民國七十四年，終於完成這項工程，臺灣第一部由民間自編的百科全書型中文大辭典，就此誕生。

為了編纂《大辭典》，幾乎花光了三民的所有經費，可說是到了一無所有的地步，三民的營運也不得不放緩了許久。多年之後，才又重新恢復元氣，能夠繼續從事出版的工作。

【音樂叢書】

民國六〇年代開始，隨著臺灣經濟的日益繁榮，國人對於物質享受愈加重視。然而，在物質生活獲得滿足的同時，對於心靈生活的提升卻遠遠跟不上世界的腳步。其中，從當時國人熱衷參與音樂盛會，但對於如何以正確的態度與方式來聆聽音樂，卻不甚了了的情形，便可知一二。究其原因，還在於學校教學的偏頗，對於五育中的「美育」不甚重視，是以多數國人未能在音樂方面有較廣泛的認識與了解。於是，我著手規劃有關音樂介紹與欣賞的題目，希望出版有關普及化的音樂書籍，以使國人對音樂有更正確的認識與了解，並得以陶冶性情、提升心靈。為此，自民國六十六年起，陸續邀稿並出版黃友棣先生的大作《音樂創作散記》、韋瀚章先生所撰寫的《野草詞》、趙琴女士所執筆的《音樂與我》、《音樂隨筆》，與林聲翕先生著述的《談音論樂》等書。後來，又因著出版高職音樂教科書的機緣，與陳郁秀女士有了較深的認識，並在一次暢談出版音樂書籍的理念後，進而邀請陳女士擔任「音樂，不一樣」的叢書主編。從民國九十一年起，陸續出版包括《一看就知道》、《怦然心動》等十本音樂書籍，以精美圖畫搭配文筆流暢的文字介紹，隨書並附贈CD，希望藉由淺顯易懂與即看即聽的方式，讓讀者沉浸在視覺與聽覺的雙重饗宴。這套叢書推出後，獲得許多迴響，並榮獲新聞局小太陽獎的肯定，是我最感到欣慰的地方。有了這番鼓勵，原本還想再接再厲，持續出版音樂方面的書籍，無奈受限於此方面的國內作者無多，是以後繼無力，徒留遺憾。

【滄海叢刊】

民國六十四年，我於三民書局之外，另外成立東大圖書公司，以處理日益龐大的稿量，同時籌劃出版「滄海叢刊」，收錄優秀的學術著作及文藝作品。「滄海」一詞，係取學術如滄海無涯之意，這套叢書收錄眾多值得出版與存留的作品，作者群包括老、中、青三代。內容廣泛，概分為國學、哲學、宗教、應用科學、社會科學、史地、語文、藝術、比較文學類，囊括了各領域的重要理論與作者，總計超過四百多種學術著作，與二百來種文論傳記。其中因為藝術方面的作品較多，還特別獨立出「滄海美術叢書」一類。後來，多位收錄於此叢書的學者作品另行出版個人全集，如「錢穆作品精萃」、「余英時作品」、「許倬雲作品集」、「李澤厚論著集」、「逯耀東作品集」。這些作品的定位，多是較偏向學術性，適合給學術界與有興趣深究的讀者研讀與收藏。

【世界哲學家叢書】

早年的我，經歷過國家最動盪的年代，彼時兵馬倥傯，民生凋敝，內憂外患不斷，對於國家積弱不振的感受也特別深刻，很有「恨鐵不成鋼」之義憤，深深覺得中國之所以無法像日本「明治維新」後一般的富強，癥結就在國人對於西方學說思想的不甚了了，加上政治主張掌握在少數人手裡，未能徹底辨析中西思想之優劣，審視國情以截長補短，只知全盤接受或拒之千里，是以民主進步極其有限。故此，我萌生了一個天真、單純的想法：如果能讓國人充分了解中西思想的差異，並且共同參與政治事務的運作，定能加速政治的改革與民主的推動，讓國家再度興盛。這個想法在我心底深埋醞釀許久。後來有一段時間，我到香港出差，看到當地的報紙報導，大陸學人熱烈討論著中國人何去何從的問題，感到十分驚訝，深覺時代雖已進步，中西交流也日益頻繁，但中國人的觀念與視野卻未能與時俱進，廣泛地認識中西方哲學的內容與差異，反而還停留在張之洞「中體西用」的學說裡打轉。於是，我在民國七十三年連絡上多年不見的傅偉勳先生，並向他提及希望出版內容淺顯易懂、適合中學生閱讀的普及化哲學家叢書的構想，為傳揚哲學文化，開明國人思想做扎根的工作，同時邀請他擔任叢書主編。傅先生十分認同我的看法，欣然接受挑戰，並提議邀請韋政通先生一同主持此項工作，委以處理有關中國思想家的部分，我也十分贊同，遂前往拜訪並敬邀韋先生的參與，這便是「世界哲學家叢書」的由來。這套叢書係以「遠古」、「中古」、「現代」的時間為軸，從中國思想家與西方思想家中各挑出五十個人，分別介紹他們的思想理論與學說，讓國人對於世界各種哲學理論能有普遍且正確的了解。其間，我因為他務而放手讓兩位先生主導工作的進行，從未過問；直到後來，方知出版的作品與當初構想有所落差。然而，這套叢書最大的特色，仍在於全面介紹中西方的思想家生平背景及其思想理論，能讓有興趣的讀者深入了解中西思想的精髓與差異，確為不可抹滅之價值。

【造字工程】

在經歷十四年光陰歲月的編纂《大辭典》後，我對於當時市面上排版通行的日本漢字不甚滿意，尤其是不同字體的差異與嚴重缺字等問題最感棘手，深深覺得「中國人為什麼沒有自己的一套字，而需向日本求取那既不標準、又不美觀的字體呢？」因此，為解決上述諸多問題，以達一勞永逸之效，也希望為保留中國字體盡一份心力，我便開始投入漫長的造字工作。有鑑於當初刻模鑄字時，外聘寫字人員無法按時交件，造成鑄字、排版進度跟著延宕的痛苦經驗，所以我決定聘用專屬的美術人員，以傳統手寫的方法來造字，人員編制為八十人，分為四組。這項工程看似簡單，親身參與後才發現其中的困難重重，例如字體的撰寫，既要考量字型的美觀，又必須兼顧正確性，牽涉的問題十分複雜。整個工程的規劃是先從繁體字開始著手，待完成後再進行簡體字的撰寫工作。所寫的字體除少數有範本可供參考依循外，絕大部分根本無從參照摹倣，只能靠自己摸索想像，經常讓我絞盡腦汁、搜索枯腸。即使如此，我對所寫字體的要求依然極為慎重，每一字的組合安排都必須適切，認為不恰當的就廢棄重來。其中以簡體字的問題最難解決，例如「金」部的字型，我嘗試過多種方法，仍未達到心裡想要的效果。為了做好這個工作，我連作夢都在想怎麼把字寫好，前後花了很長的時間才將問題解決。在經過二十多年的漫長努力，重寫了十幾遍，終於建立了明體、黑體、楷體、長仿宋、方仿宋與小篆等六套字體，除小篆外，每套字體都超過五萬多個字，有的甚至高達八萬多字，包括常用字、次常用字、罕用字、異體字以及簡體字，並配合排版的需要，而有四種不同粗細字體的變化。這項工程已近尾聲，僅剩為數不多的今日已不再使用，但在古書裡仍可得見的古體字尚待努力，等將來全部完成之後，便可滿足排版上的所有用字需求，同時也讓中國人能有完全屬於自己的字體使用。

【排版系統】

民國七十八年，有感於電腦作為出版工具的時代來臨，再者考量活版從鑄字到鉛排過程，有可能衍生的鉛中毒問題，同時也記取編纂《大辭典》在罕用字編排缺字問題的教訓，希望能有徹底解決的方案，因此指定幾位理工編輯同仁組成專案小組，開始探討研發排版軟體的方向，並隨時與我共同討論。當時臺灣各單位自行制訂電腦中文字碼使用，相當紛亂，被稱作「萬碼奔騰」，而一般中文軟體通用的大五碼 (big5) 僅包含一萬三千零六十個字，在學術書籍編排使用上卻可能需要多達六、七萬字，相形之下，遠不敷擁有廣泛功能的排版軟體之所需。經過多方蒐尋探究，最後決定以文建會出版、國字整理小組編輯的，超過七萬字中文字碼支援能力的中文資訊交換碼（英文簡稱 CCCII），作為三民選擇電腦排版系統的依據。最初希望能在已有的中文排版軟體中找到合適者採用，專案同仁花了約一年的時間，在臺北、上海與北京拜訪兩岸知名的排版系統廠商，洽詢是否可以提供支援 CCCII 七萬字以上編碼的排版系統，當時各廠家皆無意承擔此艱鉅工程。因此，懷抱著為中華文化盡一份力的心願，我決定先成立造字工作室，由三民自行開發支援 CCCII 超過七萬字的中文字型。八十一年，我們找到一家排版軟體廠商，願意配合發展支援 CCCII 碼的排版軟體（六書），由三民提出需求與測試。經過兩年實際編排書籍的測試，軟體修改一直未符合需求，因而停止合作開發。我決定面對艱難的挑戰，在八十五年成立排版軟體研發部門，自行研發可以提供支援 CCCII 編碼的排版軟體。研發團隊由六個人開始，逐步增加到十多人，排版軟體起初在 Sun 工作站 Unix 作業系統下開發，當時購買 Sun 工作站還必須向美國政府簽署非核用途聲明書。經過軟體研發人員三、四年的努力，從無到有，完成第一代排版軟體，並且成立排版部門，招聘排版人員，購置雷射印表機、雷射相紙機、沖片機等，使用自行研發的排版軟體，實際編排書籍，同時提供排版軟體測試的有力支援。由於微軟個人電腦系統的快速發展，我與研發團隊商討後，決定將排版軟體由 Sun 工作站平臺移植到微軟個人電腦平臺。民國九十年，我們的排版軟體已可在微軟個人電腦上排版工作，並持續研發改進，完成第二代排版軟體。九十二年，我支持排版軟體研發部門規劃，以期達成排版軟體與世界標準規格接軌，並增強排版軟體的效能與穩定性等目標。研發人員經過長時間研究探討後，決定採用開放文件格式 (OpenDocument) 規格，軟體開發採用可彈性擴充功能的插件架構 (Addin) 技術，並加強運用各種測試方法。民國一〇一年正式推出功能完整的第三代中文排版軟體，支援各種中文版式，數學公式與化學式的編排功能強大又方便易學，古籍與童書的注音，當頁註、雙頁註與旁註，頁面樣式變換、書眉、欄切換等功能，都非常簡便，易學易用，並可透過書籍檔管理，讓多人同時編排同一本書籍，協助人力支援管理。此外，還增加了電子出版的功能，於編排紙本書外亦可同時輸出電子書檔案，完成電子書出版。二十多年來，三民已利用自行開發的排版軟體編排出版多達六、七千本書籍，驗證了三民排版系統的實用價值，後續仍將持續精進，達到盡善盡美的目標，同時符合現時與未來的出版所需。

【三民叢刊】

「三民文庫」在出版二百本之後暫告一段落，幾年後，有許多書因售罄而需再版，這時，一方面考量「三民文庫」的原有字體較小，與坊間的一般書籍樣貌不同，一方面也是希望能繼續出版有價值的文學作品，為臺灣文壇盡一份心力。於是在同仁的建議下，從民國七十九年起，將舊有版型重新設計，加大字體，並廣泛邀約值得流傳的作品，這就是「三民叢刊」的由來，叢書的第一號便是好友孫震先生所寫的《邁向已開發國家》。「三民叢刊」可以說是繼承了「三民文庫」而加以創新的套書，以多面向出版文學、文化、藝術等書籍，涵蓋有如琦君、謝冰瑩、余英時、陳冠學、嚴歌苓、林文月等的作品，到民國九十四年止，也出版到三百號了。十五年，三百種書，每一本都記錄著這一段時間臺灣文化發展的軌跡，也成功完成了它的階段性任務。進入新世紀之後，為了因應資訊多元化與配合現代人忙碌的生活型態，於同年另闢「世紀文庫」，分為文學、科普、傳記等類別，以方便讀者挑選，期盼它能承先啟後，繼為文化發展而努力。

【英漢辭典】

早年臺灣市面上的英漢辭典，內容較為陽春，國人不容易理解的片語、口語，大都付之闕如，使用上不甚方便。有感於這樣的缺憾，我遂想要出版一種較好的、適合國人使用的英漢辭典，惟當時國內此方面人才難尋，只得向外求助。剛好日本的英語教學環境跟我們相仿，同樣著重片語、口語的學習，於是我向日本講談社、研究社、旺文社與三省堂等購買英和辭典的版權，加以翻譯，如民國八十年出版的第一本《三民皇冠英漢辭典》。這些辭典的共通特色在於收錄大量的口語、片語，期望讀者能以最輕鬆的方式達到查閱、學習的目的，至今已出版將近二十種英漢辭典。近年來，各家出版社所推出的英漢辭典亦多有增修，但總不能真切反映現實的語言環境，原因就在於這些辭典多是向外購買版權，所以內容重點與國人所欠缺的略有差異，無法完全滿足讀者的需求。此外，即使是由國內的學者教授撰稿，在解釋、造句上與現實情況仍有隔閡，總感不足。因此，我不惜巨資邀請美國學者協助編纂英英辭典，再委請國內學者進行後續的翻譯加注而成英英、英漢雙解辭典，這樣做有一個好處，就是說解的意思與所造的例句都是最道地的美式英語，絕對能符合英語系國家的使用現況。這又是一項吃力不討好的工作，但我覺得它對學習英語有很大的幫助，所以也就義無反顧地做了。

【現代佛學叢書】

臺灣的民間信仰雖是傳承自中國大陸，卻有屬於自己的特色，其中最明顯的就是「佛道相融」，甚至可以在佛寺中看到關公的塑像，供人膜拜。如此「佛道一家」的情形，便是對於兩者本質與淵源的不甚了了，容易造成郢書燕說、張冠李戴的結果。有鑑於此，我覺得應該向國人介紹佛教與道教之間的差別，與兩者各自的起源與發展，所以在八〇年代開始籌劃出版有關介紹佛道宗教的書籍，並委請傅偉勳教授與楊惠南教授邀稿，希望藉由淺顯易懂的文字，讓大眾確實了解佛道的真諦。其中，佛教方面的工作起步較早，也順利邀請到作者撰稿，遂得於民國八十一年開始陸續出版「現代佛學叢書」。道教方面，則一直尋覓不到理想的作者，可以全面而簡要地陳述道教的起源與精髓，只好暫且先作些原典翻譯的工作，這也就是「古籍今注新譯叢書」的宗教類中，包含有《周易參同契》、《抱朴子》與《坐忘論》等多部道教經典的原因。

【中國現代史叢書】

這套叢書是由中研院張玉法院士所倡議出版的。從八〇年代開始，兩岸學術文化交流日益熱絡，張教授也因此接觸到不少對岸的歷史學者，並且發現大陸有許多現代史的著作，或因學術性太高、或因內容牽涉敏感，遲遲無法出版，甚覺可惜，於是向我推薦出版一套「中國現代史叢書」。張教授與我對此套叢書有很高的期待，設定邀約的內容是與學術性有關的中國現代史專書，且必須是實證的而不是意識型態的、是理性分析問題的而不是隨意褒貶的；邀約對象則不局限於兩岸的史學專家，甚至是海外學人亦在敬邀之列，其目的是希望能集合此方面的專家學者，共同為近代中國留下珍貴的史料。民國肇造，內憂外患，民不聊生，在連年爭戰的情況下，許多珍稀史料不易保存，稍縱即逝，這些關乎國家發展的大事之所以發生及其影響，確實值得深入探討與分析。完成這套叢書的出版，或可彌補史料難尋的缺憾。

【兒童文學系列】

多年以前，在臺北的內湖發生一樁駭人聽聞的弒親血案，起因於一家小吃店的父母，因溺愛孩子，致使其誤交損友。一次，孩子因向家人索討金錢未果，竟夥同外人將父母殺害。聽聞此事，給了我很大的震撼：我們的下一代是否欠缺適當的課外讀物可以閱讀，沒有足夠的正面教材足供效仿，才會發生這種不可思議的事情？所以，我特別邀請在兒童文學方面學有專精、極負盛名的簡宛女士，主導相關親子與兒童文學作品的出版，從民國八十四年開始，陸續出版相關兒童叢書，每一套的內容都極為豐富。此類叢書有很強的特色：一是強調語文相關的英語教材或是文學能力的培養，再則是將成功人物的故事趣味化，希望達到教育的目的。出版品概分兩大類，一類是購買國外兒童文學的版權，再以英漢對照的方式呈現，例如「探索英文叢書」、「愛閱雙語叢書」、「Fun心讀雙語叢書」就是以中英對照的方式來說故事。另一類則是請國內知名作家執筆，以中國人的思維邏輯來學習，例如「兒童文學叢書」的「小詩人系列」，作者均為知名的詩人，如葉維廉、蘇紹連、張默、夐虹、陳義芝等；「兒童文學叢書」的「藝術家」、「文學家」、「音樂家」、「影響世界的人」，敘說各領域傑出人物的生平，目前已出版超過四百種。希望藉由教育的力量與藝術的薰陶，能健全小朋友的心靈發展，創造和諧而美滿的家庭。

【國學大叢書】

這套叢書於八〇年代初期陸續出版，當初的規劃，是設想給大學本科系的學生作為上課的教材。內容上有較為專門的《聲韻學》、《文獻學》，也有較受學生喜愛的《李杜詩選》、《蘇辛詞選》，所邀請的作者都是學界翹楚、一時之選。其中，《俗文學概論》一書是由極負盛名的國家文學博士曾永義教授撰寫，全面而細緻地介紹中國民間各項俗文學的起源與發展，內容紮實而豐富，堪稱兩岸最精闢的代表作。

【日本學叢書】

早年，我要到美國出差時，必須經由日本轉機，所以有機會實際參觀這個國家，並留下深刻的印象；之後陸續因為《大辭典》的印刷工作與日英辭典的購買版權，與日本商界有了進一步接觸，更加感受到同為黃種人的兩個民族，其差異性竟是如此之大。單就對事情的態度而言，日本那種鍥而不捨與堅持原則的精神，與中國大而化之、以和為貴的處事態度便迥然不同了。日本位處中國東方，與中國僅有一海之隔，關係極為密切。在唐朝以前，日本尚屬中古世紀，多次遣僧來華學習，兩國彼此交流，時逾千年，始終不斷，豈料至清末民初，主客易位，反倒是國人留日者眾。日本自「明治維新」後，國力大增，軍國主義抬頭，開始覬覦中國，染指東北，遂有日後侵華戰爭之兵戎相見，史證昭昭。日本何以能從落後民族一躍而成世界強權？其國力由弱轉強的關鍵何在？又是如何從二戰後的百廢待舉迅速恢復而成經濟大國？日本究竟是一個什麼樣的民族?確實值得國人深入探討。為此,我在八〇年代中期規劃了「日本學叢書」,希望能從社會、經濟、文學、藝術等各面向,深入淺出地介紹日本這個比鄰中國,同為東方面孔,早先還曾向華夏民族學習,卻在極短的時間內突然崛起,興衰易位,迅速成為東亞強國,反過來侵占中國,甚至與美國對抗,發動太平洋戰爭的國家。期望國人能正面且深入地了解日本這個民族的優點,取其長、補己短,以達知己知彼的目標。只可惜事與願違,在尋找作者的過程並不順利,所以僅出版幾本便戛然而止,令人扼腕。

【文明叢書】

早年,錢賓四先生的一句話「未知古,焉知今?」給了我很大的啟發,深感了解中國歷史的重要性,於是便有出版中國通史的想法。但縱觀國內歷史學者的研究雖專精深入,也獲得極大的成就,然而能用淺顯文字表達的學者卻不易尋找,所以這個想法便一直擱在心底。後來,心念一轉,如果能就諸位學者所研究的領域,選擇個別的主題,以較淺顯的文字來表達,做到深入淺出的目標,讓一般讀者也能分享他們的研究成果,何嘗不是一種變通的方法。在探討嚴肅的歷史題材的同時,也能以較輕鬆的敘述方式,介紹中華文明各個領域的人物與歷史故事,即所謂的「學術普及化」,待將來出版面向豐富時，亦可視為另一種形式的中國通史。我向余英時先生陳述這個構想，獲得他的認同與鼓勵，便下定決心推動，此即規劃「文明叢書」之濫觴。初期邀約作者的過程並不順利，後來拜訪了時任中研院史語所所長的杜正勝院士。杜先生十分贊同我的想法，也欣然承擔此套叢書的總策劃工作。從民國九十年出版第一本《佛教與素食》開始，迄今已出版了十八冊，都是內容嚴謹且饒富趣味的作品。將來仍會繼續開發新的題目，以饗讀者。

【國別史】

其實，很早以前我便有了編纂世界通史的想法，希望能夠藉此向國人介紹各國的風土民情與古往今來之演變。只可惜，國內能通中外歷史的學者並不好找，所以這項工作遲遲沒有進展。後來，國內出版社紛紛出版介紹諸國史情的書籍，然而，縱觀此類著作，都有幾個共通點，那便是僅出版大國而遺漏小國，或者僅節取該國的某段史實，缺乏全面而完整的介紹，這些都是令人感到不足的地方。因此，在偶然的機會下，我決定改變做法，也以「一本一國」的方式出版。這樣，既較容易找到學有專精的教授，讀者亦能選擇有興趣的國家來閱讀，待將來全部出齊後，自然也就成了一套世界通史的叢書。我很感謝當時負責這套叢書的編輯李寒賓小姐，因為有她的認真規劃與積極邀稿，俾使叢書能夠順利出版。這套叢書包含聯合國所屬各會員國，無論大小強弱，且從該國的起源說起，觸及歷史人文與政經社會各個面向，期盼能全面而深入地介紹每個國家的特色，而非片段地節取。從民國九十二年開始推出，先期由大國著手，並且不斷地有其他國家出版面世，受得讀者的喜愛，給了我很大的鼓勵。這是一項浩大的工程，卻也是值得堅持下去的工作。

【法學啟蒙叢書】

此套叢書的出版，是因應二十一世紀的時代潮流，與彌補早先出版的法律書籍的不足處。因為一般大專用法律書籍內容較為嚴謹、深入，對於剛開始接觸此方面的學生，抑或是有興趣的一般民眾，總有望而卻步的畏懼感，是以出版較為入門而簡易的「法學啟蒙叢書」，希望本科系的在校生於閱讀過後，更加明瞭教授在課堂上的講授內容，而一般社會人士也能藉由此套叢書，獲得基本的法學觀念與知識。

感恩與期許

三民書局能走過六十個年頭，全賴各界賢達與全體同仁的愛護與襄贊。尤其要感謝諸位幫忙規劃、主編、邀約與撰稿的學者教授，你們是陪伴三民書局一路走來的莫大助力。因為有諸位的鼎力支持，讓我的許多夢想與心願能夠開花結果；也由於有諸位的熱心指教，讓三民書局能夠成長茁壯、與時俱進，不斷推出最嚴謹、最豐富的著作以饗大眾。此外，我要感謝三民書局的每一位員工，包括退休或因家庭因素而離職的同仁。三民目前的員工總計有四百多位，就像一個大家庭，雖然職務各有不同，但每個人都在自己的崗位上齊心協力、認真奮鬥。也因為有眾人豐富的想像力與創造力，才能造就三民今天的成果。最後，我要感謝我的家人，這幾十年來，我因工作無法經常陪伴在他們身邊，而他們或許也並不十分明瞭我到底在忙些什麼，又為何如此自尋煩惱，但總是默默地支持著我，給予最大的精神鼓勵，讓我可以無後顧之憂，為追求夢想而勇往直前，這是他們最可愛的地方。今後，三民書局將一本初衷，堅守崗位，繼續為文化傳承而竭盡己力，也希望後繼者能秉持三民的創業理念，承先啟後、繼往開來，並期許全體同仁在編輯出版方面能精益求精，在銷售成績方面能更上層樓，更衷心企盼各位先進、同仁與喜愛三民的朋友，能繼續給予支持與呵護，攜手合作，共同為文化傳承而奮鬥不懈。

原載《三民書局六十年》

三民書局五十年

逯耀東、周玉山／主編

為了慶祝三民書局創立五十周年，更希望為中文書籍的出版史留下重要紀錄，廣邀與三民書局有長久情誼的學人作家撰文，編成這本集子。本書由一百二十多人共同執筆，他們或從學生時代即在三民書局門市看書、買書，或在三民書局出版其生平的第一本書……其間點點滴滴，俱見前輩學人刻苦自勵，深植學術，為學界與社會文化奉獻心力的苦心孤詣。藉由本書的出版，能讓更多人了解這五十年來的文化變遷與學術出版概況，關心學術文化與知識傳播的讀者，必能從中發掘意想不到的寶藏。

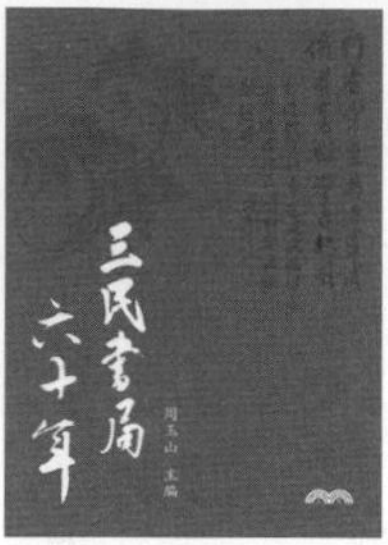

三民書局六十年

周玉山／主編

三民書局已創立六十年，在臺灣落地生根，枝繁葉茂，擁有一大片天。本書為三民書局六十周年紀念文集，由一百三十多位作者和編者共襄盛舉，訴說為三民寫書和編書的經過，或是對三民書局特別的情感。讀者可透過本書，以及三民書局的待客，體會到三民與劉先生的溫暖，一如雨後的陽光，不止照亮一家，而是千門萬戶。三民出書上萬種，展書數十萬冊，網路書店更無遠弗屆，臺灣乃至華文世界，因此更亮了。

新譯資治通鑑

張大可、韓兆琦等／注譯

《資治通鑑》是司馬光領銜修撰的歷史名著，全書兩百九十四卷，記載了戰國初年迄於五代末葉一千三百六十二年的歷史。每卷開頭皆有「題解」，指出該卷大事內容，「章旨」則以注釋段落首尾完備的大事件為單元，述與評結合，提示重要史事。「注釋」詳盡明確、「校記」勘校嚴謹、「語譯」通順流暢。卷末則有「研析」，評點大事、總結史實。真正達到普及學術，雅俗共賞，對於專家學者與一般讀者，都有極大的幫助。

紅樓夢

曹雪芹／撰　饒　彬／校注

《紅樓夢》是一部偉大的言情小說，具有一種特殊的魔力，只要你接觸它，馬上就會被其吸引，甚至百讀不厭。全書以賈寶玉和林黛玉的愛情悲劇為主線，寫出賈府由興盛到衰敗的過程。是第一部出於原創而毫無依傍的長篇章回小說，結構宏偉、語言洗鍊，人物刻畫個性鮮明，堪稱中國古典小說的巔峰之作。本書採用程甲本為底本，詳為校訂，俚語方言並有注釋，期待與您一同到賈府一遊，看世情繁華，閱人生百態。

水滸傳

施耐庵／撰　羅貫中／纂修　金聖嘆／批　繆天華／校注

梁山泊一百零八條好漢嘯聚的故事，自南宋以來即流傳於世，後經文人綴集成長篇小說《水滸傳》。書中最大的特色，在描寫事件、人物深刻佳妙，栩栩如生，且情節鋪陳布局極為緊湊，引人入勝。讀《水滸傳》，看草澤英雄行俠仗義，為世人發不平之鳴，是何等大快人心！本書採用通行最廣的七十回本，頁端及頁末分別附有金聖嘆批語和詞語方言注釋，陪您一路痛快地造訪水滸英雄！

西遊記

吳承恩／撰　繆天華／校注

《西遊記》是一部神魔小說，也可以當作童話看。作者因功名失意，窮老無聊，故借西遊取經與孫悟空等人的故事，以揶揄諧謔、尖刻的筆調，寓其滿腹牢愁、玩世不恭之意。本書想像力之奇幻，鋪張描寫之佳妙，令人稱賞。讀者不妨抱持著輕鬆的心情，和唐三藏師徒四人，一同走一趟天竺取經的冒險之旅。本書兼採諸善本之長處，並據明萬曆刻本《出像官板大字西遊記》精校，詞語方言並有簡要注釋，是最可信賴的版本。

紅紗燈

琦君／著

記憶中一盞古樸的紅紗燈，那是紮紮實實的希望暖光；綿綿溫暖之中的淡淡苦澀，那是心心念念的鄉愁氤氳。數十年的生活經歷、歡樂哀傷，似乎都被記憶裡古樸的紅紗燈，凝縮在溫馨的燈暈中。年光流逝，歲月不再重來，只能再次回顧，你是否也同樣忘不了故人舊事，密密匝匝縈繞於心的過往點滴？請您一同踏入琦君的世界，與她一起在昏黃的暖光中，細細回味過往。且讓我們在煦暖的燈下，與琦君來一場心靈的對晤。

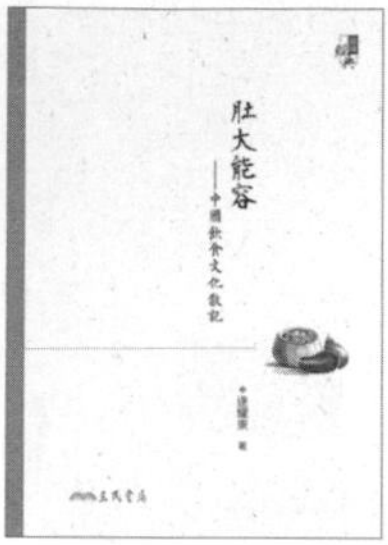

肚大能容——中國飲食文化散記

逯耀東／著

吃，在中國人的生活中扮演著重要的角色。但要能吃出學問，可就不是件簡單的事了！逯耀東教授可說是中國飲食文化的開拓者，將開門七件事——油、鹽、柴、米、醬、醋、茶等瑣事提升到文化的層次。透過歷史的考察、文學的筆觸，與社會文化變遷相銜接，烹調出一篇篇飄香的美文。無論是珍饈美味、粗蔬糲食，讓我們在逯教授的引領下，一探中國飲食文化之妙。

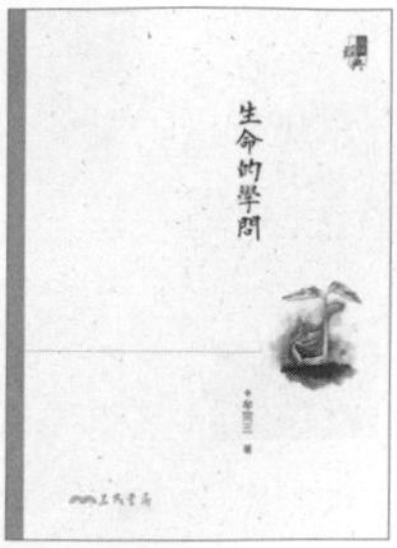

生命的學問

牟宗三／著

牟宗三先生學貫中西，融會佛儒，是享譽當代的哲學大家。他融合德國哲學家康德與中國思想，開闢出獨霸一方的哲學體系。在中國近代思想史上，有其卓然不凡的地位。本書收集了他哲學專題的探討、人生問題的思索、生活心情的紀實，以及前塵往事的追憶等文章，充分展現一代大哲的真情至性。什麼是人生的意義？什麼是哲學的智慧？對於生命有所困惑的讀者們，本書能提供您不同的思考方向，正如書名《生命的學問》所揭示的：能夠使我們參省自己的人生，沉澱出自己的學問，體會生命真正的價值所在。

國家圖書館出版品預行編目資料

劉振強先生與三民書局／周玉山主編.——初版一刷.
——臺北市：三民，2020
面；　公分

ISBN 978-957-14-6994-2（平裝）
1. 劉振強 2. 臺灣傳記

783.3886　　109016590

劉振強先生與三民書局

主　編	周玉山
責任編輯	邱文琪　劉培育
美術編輯	李唯綸
發 行 人	劉振強
出 版 者	三民書局股份有限公司
地　址	臺北市復興北路 386 號 (復北門市) 臺北市重慶南路一段 61 號 (重南門市)
電　話	(02)25006600
網　址	三民網路書店 https://www.sanmin.com.tw
出版日期	初版一刷 2020 年 12 月
書籍編號	S480510
I S B N	978-957-14-6994-2

三民書局